8° G
10898

AF495743

DANIEL JACKSON

HISTOIRE RÉSUMÉE

de tous les pays de l'Europe

des Etats=Unis, de la Chine et du Japon

et des Provinces Françaises

avec 4 tableaux, notes et Appendice

PARIS

LIBRAIRIE FISCHBACHER

(SOCIÉTÉ ANONYME)

33, RUE DE SEINE, 33

1920

Tous droits réservés

OUVRAGES DU MÊME AUTEUR

(LIBRAIRIE FISCHBACHER, PARIS)

John Bunyan. Traduction de la deuxième partie du *Pilgrim's Progress* avec une étude sur la vie et l'œuvre de l'auteur. Vol. de 304 pages ...... 1 fr.

Noël. Lux in tenebris. Brochure illustrée de 76 pages in-8 raisin .... 1 »

La Passion. O Crux ave spes unica. Brochure illustrée de 120 pages in-8 raisin .... 2 »

A travers l'Histoire. Résumé de l'Histoire universelle en 13 chapitres, un appendice et 44 tableaux. Vol. de 540 pages in-18 .... 5 »

Jeanne d'Arc. Tragédie en trois actes en vers avec appendice, carte et notes. Brochure in-8 coq. illustrée ..... 2 »

Le Parthénon. Ad gloriam virginis. 12 Sonnets. Brochure in-8 coq. illustrée .... 1 »

Petite Astronomie mythologique. Les noms des astres, avec notions cosmographiques et carte du ciel. Brochure 1 50

Notions élémentaires sur les Religions anciennes ou actuelles autres que le Christianisme. Brochure .... 1 »

Les Dynasties déchues (Capétiens et Bourbons, Habsbourg, Hohenzollern, Romanov et Holstein-Gottorp). Histoire règne par règne de la France, l'Allemagne, la Prusse, l'Autriche et la Russie. Brochure in-8° coq. de 100 pages (avec nombreuses notes et 11 tableaux) .... 3 »

BIBLIOTHÈQUE NATIONALE

DANIEL JACKSON

HISTOIRE RÉSUMÉE

de tous les pays de l'Europe

des Etats=Unis, de la Chine et du Japon

et des Provinces Françaises

avec 4 tableaux, notes et Appendice

PARIS

LIBRAIRIE FISCHBACHER

(SOCIÉTÉ ANONYME)

33, RUE DE SEINE, 33

1920

Tous droits réservés

1 A

ERRATA

Page 4, ligne 11 de la note : ajouter *maigres* devant *avantages*.

Page 31, ligne 5 : lire *1668* et non *1688*.

Page 40, ligne 10 : lire *trois provinces* de la Gothie et non *trois pouvoirs*.

Page 94, ligne 9 : lire *été inspirés* et non *étaient inspirés*.

Page 97, ligne 16 : lire *shiogounal* et non *shiogonal*.

Page 120, ligne 21 : lire *Henri II* et non *Henti II*.

Page 121, ligne 22 : lire *notes 1 et 2* et non *note 1 et 2*.

HISTOIRE RÉSUMÉE

de tous les Pays d'Europe,
des Etats-Unis, de la Chine et du Japon
et des Provinces françaises

avec notes, tableaux et appendice

PRÉFACE

Les Français — j'entends le grand public — ignorent en général presque tout de l'histoire des pays étrangers, qu'il est cependant indispensable de connaître, ne serait-ce que pour pouvoir apprécier les traités de paix qui viennent de terminer la grande guerre. Il existe, assurément, d'excellents manuels de l'histoire de l'Europe ; mais, obligés de se conformer aux programmes des examens, c'est synchroniquement qu'ils relatent les événements du moyen-âge, des temps modernes et de l'époque contemporaine ; il faut recourir aux dictionnaires — qui présentent parfois des lacunes, sont volumineux et chers — pour avoir une vue d'ensemble, un résumé de l'histoire de tel ou tel pays.

Le but de la présente brochure est de remédier à ces divers inconvénients. Sous une forme claire et concise, elle résume, sans toutefois, espérons-nous, omettre aucun fait essentiel, l'histoire de tous les pays de l'Europe, en particulier de l'Allemagne au moyen-âge, des Etats-Unis, de la Chine et du Japon jusqu'à octobre 1919, et, très brièvement, les états successifs de chaque province française, de l'Alsace notamment. Pour éclaircir et compléter ces sommaires, nous avons ajouté quelques tableaux (la formation et le partage de l'empire de Charles-Quint (1), les

____

(1) Il semble, en effet, que l'élection à l'Empire — au Saint Empire romain germanique — du puissant roi d'Espagne en 1519, peut être considérée

*grands traités depuis 1559, les grandes batailles de l'histoire,
l'époque de l'apogée de chaque pays) extraits de notre livre « A
travers l'Histoire », mais corrigés et mis à jour.*

*Le lecteur pourra ainsi mieux comprendre les causes historiques
— très complexes — de la guerre mondiale et le succès mérité
(au moins dans leur principe) qu'ont obtenu auprès des gens rai-
sonnables et pacifiques les 14 propositions de paix formulées le
8 janvier 1918 par le président démocrate Wilson. Le texte —
avec sa traduction — de ce « Programme de la Paix du monde »
est reproduit à la fin du volume ; il est suivi de la déclaration du
sénateur républicain Lodge et de celle de l'ex-président Roosevelt,
aussi généreuses et peut-être plus pratiques et plus précises que le
plan idéaliste du Champion qualifié du Droit et de la Justice, dont
le concours réfléchi mais absolu, tardif mais décisif, constituera
peut-être un des plus grands événements de toute l'Histoire :*

Magnus ab integro sœclorum nascitur ordo.

(Maisons-Laffitte, 11 novembre 1919).

1

comme la cause première de la guerre de 1914 ; car cet événement capital
eut pour conséquences successives — directes ou indirectes, car tout s'enchaîne
(et tout se paie) dans l'Histoire — l'absolutisme de nos Rois, la Révolution,
Napoléon Ier, Bismarck et Napoléon III, la Troisième République, l'impérialisme anglais, le pangermanisme, enfin l'anarchie russe, et tout cela fut ou
est — nous l'avons montré dans notre livre sus-mentionné — contraire aux
intérêts de la France. Instruit des leçons du passé (lointain et récent), notre
pays devrait, pour redevenir uni, prospère, fort et respecté, revenir à un régime qui fût tolérant en matière religieuse, modérément parlementaire, tradi-
tionnaliste et décentralisateur. Alors seulement, la France n'aura pas en vain
remporté la victoire : elle aura tiré un profit encore plus grand que les avantages obtenus aux traités de 1919 de cette guerre dont on peut dire qu'elle fut,
à bien des points de vue, un châtiment que méritaient, à des titres et à des
degrés divers, tous les belligérants : les peuples, les gouvernements et les indi-
vidus.

PREMIÈRE PARTIE

Histoire résumée de tous les pays d'Europe
et de quelques autres

1° EUROPE

L'Europe a reçu ses premiers habitants de l'Asie : tandis que de vastes et puissants empires (1) florissaient dans cette partie du monde, l'Europe était encore plongée dans la barbarie. La Grèce en sortit la première, et elle s'éleva bientôt au plus haut degré de civilisation, notamment sous Périclès, de 490 à 430, après les guerres médiques, et sous Alexandre, roi de Macédoine (338-323) (2) ; elle répandit en même temps ses colonies dans l'Italie méridionale et sur les côtes de l'Espagne et de la Gaule.

Rome, fondée en 753 av. J.-C., conquit peu à peu toute l'Italie (496-272) et finit par étendre sa domination sur l'Europe presque entière (264 av. J.-C.-96 ap. J.-C.) (3). En 395, l'empire romain se divisa en empire d'Occident et empire d'Orient.

Après la chute de l'empire d'Occident (476), des Barbares, venus pour la plupart d'Asie, firent régner pendant plusieurs siè-

(1) Voir dans mon livre « A travers l'Histoire » un résumé de l'histoire de l'antiquité : cet ouvrage-ci ne commence qu'à la chute de l'empire romain (395).

(2) Avant Alexandre qui conquit tous les pays connus de son temps (Grèce, Egypte, Asie mineure et occidentale), la suprématie du monde civilisé avait appartenu successivement aux empires suivants :

L'Egypte (cap. Memphis, Thèbes, Saïs, Ptolémaïs), durée : 5000-30, apogée : 1600-1300, surtout sous Rhamsès II (Sésostris), de la 19° dynastie (xiv° siècle).

L'Assyrie (cap. Ninive), durée : 2000-625, apogée : 882-822 et surtout de 732 à 626 avec Sargon, Sennachérib et Sardanapale.

La *Chaldée* (cap. Babylone), durée : 5000-539, apogée : 625-562, avec Naboukoudouroussour (Nabuchodonozor II, 605-562).

La *Perse* (cap. Persépolis puis Suse), durée : 595-321, apogée : 560-480, avec Darius Ier (521-485).

(3) Apogée de Rome : sous Auguste et ses successeurs (30 av. J.-C. à 190 ap. J.-C.).

cles en Europe une grande anarchie : les Visigoths dominèrent en Espagne, les Franks en Gaule, les Lombards en Italie, les Saxons au nord de la Germanie, les Avares au sud. L'empire grec, seul reste de la grandeur romaine, subsista néanmoins dans l'Europe orientale jusqu'en 1453.

La fin du VIIIe siècle vit Charlemagne créer un puissant empire qui occupait la plus grande partie de l'Europe occidentale ; mais il dura peu, et de ses ruines sortirent les royaumes particuliers de France, d'Allemagne, d'Italie, de Lotharingie ou Lorraine, de Provence, de Bourgogne, etc. (1).

Au Xe siècle, les puissances du nord sortirent de leur obscurité : la Russie, la Suède, la Norvège et le Danemark prennent rang parmi les Etats européens. En même temps, les Maures, qui avaient envahi la péninsule hispanique du VIIIe au Xe siècles, commencent à reculer devant les rois chrétiens de Léon, de Castille, d'Aragon et de Portugal.

Au XVe siècle, après la prise de Constantinople par les Ottomans (1453), tous les grands Etats de l'Europe se trouvaient à peu près fondés. Parmi les nouveaux Etats, les Provinces Unies ou Pays-Bas se détachèrent de la monarchie espagnole au XVIe siècle, et le royaume de Prusse fut fondé au début du XVIIIe.

La guerre générale qui éclata après la Révolution de 1789 changea un instant la face de l'Europe : l'empire de Napoléon en embrassa presque toute la partie occidentale ; mais en 1815 l'ancien ordre de choses fut en grande partie rétabli, et depuis lors les délimitations des Etats, fixés par les traités, ont été souvent profondément modifiées.

Le royaume des Pays-Bas s'est partagé en 1831 en royaume de Belgique et royaume de Hollande. L'empire ottoman a perdu la Grèce et la Serbie en 1829, les provinces moldo-valaques constituées en Etat indépendant sous le nom de Roumanie en 1856 et 1878 (traité de Berlin) ; la Bulgarie, érigée en principauté vassale sous le protectorat de la Russie (royaume indépendant en octobre

---

(1) En 888 après la déposition de Charles le Gros, roi de Germanie, qui avait réuni en 884 tout l'empire de Charlemagne, plusieurs fois partagé depuis le traité de Verdun (843), sept royaumes indépendants se formèrent : Germanie, Lorraine, Italie, Bourgogne cisjurane, Bourgogne transjurane (ces deux dernières réunies en 933 sous le nom de royaume d'Arles), France et Navarre.

1908) ; la Bosnie et l'Herzégovine occupées par l'Autriche ; l'Epire et la Thessalie, données à la Grèce ; après les guerres des Balkans (oct. 1912-sept. 1913), la Turquie ne conserve plus qu'un lambeau de territoire en Europe.

L'Italie tout entière s'est unifiée sous le sceptre de la maison de Savoie (1859-70) ; le pape a été dépouillé (1860-70) de son pouvoir temporel (que lui avait donné Pépin le Bref en 755).

La France a recouvré la Savoie et le Comté de Nice (1860), mais elle a perdu en 1870-71 l'Alsace et la Lorraine qui lui ont été restituées en 1918-19.

L'Angleterre a rendu les îles ioniennes à la Grèce (1864), mais elle s'est fait céder (1878) Chypre par le sultan.

Le Danemark a perdu le Schleswig-Holstein et le Lauenbourg (1864-66), en partie recouvrés en 1919.

L'Autriche a perdu ses possessions italiennes en Lombardie et Vénétie (1859-60), a été rejetée hors de l'Allemagne (1866) et s'est transformée en empire d'Autriche-Hongrie qui s'est démembré en oct.-nov. 1918.

Enfin l'Allemagne a vu disparaître l'ancienne Confédération germanique (1866) et l'organisation momentanée des deux Allemagnes séparées par la ligne du Mein (1866-70) a fait place à l'empire d'Allemagne reconstitué le 18 janvier 1871 au profit de la maison de Prusse qui s'est accru successivement du Schleswig-Holstein (1864), du Hanovre, de la Hesse-Nassau, de la ville libre de Francfort (1866) et de l'Alsace-Lorraine (1871). Mais, à la suite de la guerre des Balkans (1912-13) et surtout de la guerre mondiale (1914-18) qui causa la chute et le démembrement des Empires centraux (surtout de l'Autriche et de la Russie), la configuration de l'Europe fut modifiée profondément et de nouveaux Etats indépendants furent créés ou reconstitués : Pologne, Tchéco-Slavie, Yougo-Slavie ; Lithuanie, Lettonie, Esthonie (voir ci-après les histoires particulières des divers pays)..

2° FRANCE

L'histoire de la France ne commence réellement qu'avec Clovis, petit-fils de Mérovée, et véritable fondateur de la *dynastie mérovingienne (481-752)*. Les règnes de Pharamond, de Clodion, de Mérovée, de Childéric, n'ont rien d'authentique. A l'avènement de Clovis, en 481, les Visigoths, les Burgundes, les Romains, les Allemands se disputaient le territoire de la Gaule : *Clovis* assura la suprématie aux Franks, défit les Romains à Soissons (486), assujettit les Alamans par la victoire de Tolbiac, après laquelle il se fit chrétien (496), réduisit les Visigoths à la Septimanie par la victoire de Vouillé (507) et ébranla la puissance des Burgundes que ses fils détruisirent en 534. Ceux-ci, après la mort de Clovis (511), avaient partagé le territoire conquis par leur père, et de ce partage étaient nés quatre royaumes distincts: ceux de Paris, de Metz, de Soissons et d'Orléans. En 558, Clotaire Ier réunit tout le royaume des Franks ; mais un nouveau partage, en 561, crée les royaumes de Paris, Soissons, Metz et Bourgogne. Il y a opposition marquée entre la Neustrie et l'Austrasie, comme le montre la lutte entre Frédégonde et Brunehaut (570-613). L'unité semble reconstituée avec Clotaire II et avec Dagobert, mais la lutte entre la Neustrie et l'Austrasie recommence et se termine au profit de l'Austrasie (bataille de Testry, 687). — Les Mérovingiens avaient voulu reconstituer l'administration et le gouvernement des Romains, mais ils ne purent se procurer ni finances ni armée vraiment publiques, tandis que le régime des alleux engendrait la féodalité.

Pendant ce temps, les maires du palais d'Austrasie, issus de Pépin de Landen, se constituaient au nord-est une principauté. Charles Martel soumit la Neustrie, la Bourgogne, et repoussa les Arabes (Poitiers, 732). Pépin fut élu par les grands et consacré par le pape roi des Franks ; avec lui commence la *dynastie carolingienne (752-987)*. Il reconstitua l'unité du royaume frank, battit les Lombards et donna au Saint-Siège un pouvoir temporel (755). *Charlemagne* (768-814) dépassa les limites de la Gaule, conquérant la Lombardie (774), la Saxe (772-804), le nord de l'Espagne (778-812) ; en 800 il fut sacré empereur par le pape.

il essaya de restaurer l'empire romain : il voulut rétablir l'ordre dans l'administration, comme le montrent ses Capitulaires ; mais il eut de grandes difficultés à faire reconnaître son autorité dans les provinces. La féodalité apparaissait déjà : chaque seigneur avait des vassaux ; le souverain dut se procurer aussi des fidèles, surtout en leur donnant des terres.

La dislocation de l'Empire commença sous Louis le Débonnaire (partages entre ses fils). Au traité de Verdun (843), la France se sépare de l'Italie et de la Germanie, et l'autorité impériale tombe en décadence avec Charles le Chauve (4e fils de Louis) au profit des royautés locales. Les ducs de France usurpent le trône en 887 avec Eudes, en 922 avec son frère Robert et en 923 avec le gendre de celui-ci, Raoul, duc de Bourgogne (923-9). Les derniers carolingiens résistent péniblement à toutes les attaques : à la mort de Louis V, *Hugues Capet* est élu roi de France par les grands (987) (1).

Le royaume n'est d'abord qu'un simple domaine seigneurial, s'étendant à peine sur l'Ile-de-France, mais les *Capétiens* (2) (987-1314) ont le titre de rois. Louis VI et Louis VII font respecter leur autorité et gagnent une partie de la Loire ; Louis VII eut acquis la Gascogne et la Guyenne s'il n'eût divorcé avec Eléonore d'Aquitaine (1132). *Philippe-Auguste* (1180-1223) triple le domaine par la confiscation (1203) des fiefs français de Jean-sans-Terre (Normandie, Maine, Touraine, Anjou, Poitou). *Saint-Louis* (1226-1270) rend au roi anglais une partie des provinces du midi (1259). Il défend les guerres privées, le duel judiciaire et présente la royauté comme la gardienne de la justice et de la paix ; l'influence de la France s'étend sur l'Italie (expédition

(1) Au Xe siècle, les principaux fiefs étaient : dans la *France proprement dite* (au nord de la Loire) : le comté de Flandre, le comté de Paris, le duché de Normandie. le duché de Bretagne, le comté d'Anjou, le comté de Blois, le duché de Bourgogne et le comté de Champagne ; dans l'*Aquitaine* (au sud de la Loire) : le comté de Poitiers ou duché d'Aquitaine ou de Guyenne, le duché de Gascogne. le comté de Toulouse, le comté de Barcelone (ou Catalogne) : de plus il existait quelques grands fiefs ecclésiastiques dont les principaux étaient les duchés-comtés de Tournai, de Beauvais, de Noyon. de Laon, de Reims. de Châlons. de Langres (voir ci-après les Provinces françaises).

(2) Voir notre brochure : « *Les dynasties déchues* » où nous avons rappelé sommairement. quoique règne par règne. l'histoire des Capétiens et des Bourbons, des Habsbourg, des Hohenzollern, des Romanov et des Holstein-Gottorp.

de Charles d'Anjou). Philippe III recueille l'héritage des comtes de Toulouse. *Philippe IV le Bel* (1285-1314) hérite de la Champagne (1284), lutte contre les Anglais et les Flamands, affranchit le pouvoir temporel de la domination du pape, développe les institutions royales par l'organisation du Conseil et du Parlement. Il prépare la création de l'armée permanente et de l'impôt royal.

Ses fils étant morts sans postérité mâle, la *branche des Valois* (1328-1589), en vertu de la loi salique, monte sur le trône (1328). Avec Philippe VI et Jean le Bon, rois chevaliers, commence la guerre de Cent ans (1337-1453). Les batailles de Crécy (1346) et de Poitiers (1356) sont des désastres pour la France. Au milieu des troubles, les Etats généraux essaient de créer une sorte de gouvernement constitutionnel (1355-57), mais la royauté triomphe avec Charles V qui conserve à son profit les institutions, surtout financières, des Etats contresignées dans les ordonnances royales. Les Anglais, repoussés par Duguesclin, reprennent l'avantage sous Charles VI devenu fou. Après la défaite d'Azincourt (1415), le traité de Troyes (1420) cède tout l'ouest de la France aux Anglais. Mais Charles VII (1422-61), avec l'aide de *Jeanne d'Arc*, regagne pied à pied son royaume (1429-53). L'armée permanente et la taille perpétuelle sont créées. De la guerre avec les Anglais est né le sentiment national (1).

Mais voici un nouveau danger pour le royaume : Charles le Téméraire, duc de Bourgogne, veut démembrer la France : il est tué en 1477. *Louis XI* (1461-83), par la réunion de la Picardie et de la Bourgogne (1477), de l'Anjou (1480), du Maine et de la Provence (1481), achève de constituer le royaume. Charles VIII (2), Louis XII et François Iᵉʳ sont tout occupés des

---

(1) A la fin de la guerre de Cent ans, il y avait dans le royaume, à côté de quelques restes de la vieille féodalité, comme le duché de Bretagne, quatre grandes maisons d'origine royale : la maison d'*Anjou*, qui remontait à Louis VIII ; la maison de *Bourbon*, qui remontait à St-Louis ; la maison d'*Orléans*, créée par Charles V ; enfin, la plus redoutable de toutes, la maison de *Bourgogne*, créée par Jean le Bon ; cette dernière possédait, outre la Bourgogne, la Franche-Comté, le comté de Flandre, le Brabant, les Pays-Bas, le Luxembourg, enfin l'Artois et la Picardie cédés par Charles VII (voir aux Provinces).

(2) A la mort de Charles VIII, il n'existait plus que trois fiefs indépendants : au centre, les duchés de Bourbon et d'Auvergne, fiefs de la famille de Bourbon ; au sud, les terres de la famille d'Albret ; au nord, les comtés de

guerres d'Italie. *François Ier* (1515-47) lutte contre la maison d'Autriche, ainsi que Henri II qui s'empare des Trois-Evêchés (Toul, Metz et Verdun, 1552). En même temps, la royauté tend à devenir absolue (création d'une cour, transformation de l'aristocratie).

La France joue un rôle brillant pendant la Renaissance. Bientôt la Réforme pénètre en France (Calvinisme). Les persécutions amènent les guerres de religion (1560) ; malgré la Ligue, Henri IV (1589-1610), chef des *Bourbons* (1589-1848) termine la guerre civile, proclame le principe de tolérance (Edit de Nantes, 1598) et combat avec succès la maison d'Autriche. Cette politique, qui assure la prépondérance à la France, est continuée par *Richelieu* et Mazarin : les traités de Westphalie (1648) et des Pyrénées (1659) consacrent la supériorité de la France (acquisition de l'Alsace, de l'Artois et du Roussillon). A l'intérieur, la noblesse est abattue et le pouvoir royal devient absolu (les intendants). De là le pouvoir et le prestige de *Louis XIV* (1643-1715). Il déclare la guerre à la Hollande, ce qui lui vaut la Franche-Comté (traité de Nimègue, 1678). L'affaire des Réunions et l'acceptation de la succession d'Espagne provoquent une coalition de l'Europe : à la paix d'Utrecht (1713), la France est abattue et l'Angleterre lui enlève Terre-Neuve, l'Acadie et la baie d'Hudson.

Au XVIIIe siècle, la France s'occupe des luttes continentales comme alliée, d'abord de Frédéric II (guerre de la succession d'Autriche (1740-48), puis de Marie-Thérèse (guerre de Sept ans, 1756-63) ; elle laisse démembrer la Pologne (1772), mais acquiert la Lorraine (1766) et la Corse (1767) ; elle se voit enlever par les Anglais le Canada et les Indes (traité de Paris, 1763) et ne peut que se venger en favorisant l'indépendance américaine (1776-83).

Le désordre de l'administration devient de plus en plus grand ; le déficit se creuse de plus en plus. Turgot fait de vains efforts pour prévenir la Révolution par des réformes. Les écrivains français, qui avaient inspiré le désir de réformes à tous les souverains

Flandre et d'Artois, fiefs de l'empereur Maximilien ; ces derniers seuls échappaient à la suzeraineté du roi de France qui désormais put avoir une politique européenne.

de l'Europe, ont préparé un grand mouvement d'idées. Louis XVI est obligé de convoquer les Etats généraux de 1789, qui s'érigent en Assemblée nationale et établissent une Constitution, après avoir détruit les privilèges sociaux. En 1792, la France devient République. Elle doit lutter contre l'Europe coalisée. Aussi se laisse-t-elle gouverner par une poignée d'hommes énergiques (Conventionnels et Jacobins). Le Directoire (1795-99) ne pouvant faire cesser l'anarchie, Bonaparte établit une dictature militaire, en qualité de consul (1799), puis d'empereur (1804). *Napoléon Ier* bat l'Autriche, la Prusse, la Russie, annexe la plus grande partie de l'Allemagne et veut détruire la puissance anglaise (blocus continental), mais la campagne de Russie de 1812 est le signal des désastres. En 1815, après Waterloo, la France est réduite à ses limites de 1789.

Les Bourbons reviennent, imposés par l'Europe ; Louis XVIII gouverne avec habileté (la Charte, établissement du gouvernement représentatif) ; Charles X, par sa politique antilibérale, provoque la révolution de juillet 1830. Louis-Philippe, représentant les idées de la bourgeoisie, a une politique pacifique ; mais il se refuse à étendre le droit de suffrage, et il est détrôné (24 février 1848).

La République, établie depuis 1848, est renversée par le coup d'Etat du 2 déc. 1851. Le prince L.-Napoléon, proclamé empereur en 1852, déclare la guerre à la Russie (expédition de Crimée, 1854-55), contribue à fonder l'unité italienne par sa guerre contre l'Autriche (1859), entreprend la campagne du Mexique qui affaiblit la France, et engage, sans être prêt, la guerre contre la Prusse (16 juillet 1870) : après le désastre de Sedan, la république est proclamée à Paris (4 sept. 1870).

La Commune (18 mars-29 mai 1871) éclate, provoquée par la capitulation de Paris (29 janvier) et le traité de Francfort du 10 mai : La France doit payer à l'Allemagne une indemnité de cinq milliards et lui céder l'Alsace-Lorraine. Thiers, nommé par l'Assemblée nationale chef du pouvoir exécutif (17 février), triomphe de la Commune (29 mai), est élu président de la République (30 août), libère le territoire, mais doit céder le pouvoir à Mac-Mahon (24 mai 1873), nommé par l'Assemblée nationale. Celle-ci, ne pouvant rétablir la royauté, vote une constitution républicaine (25 juin 1875).

Au XIX° siècle, la France a reconstitué son empire colonial par la conquête de l'Algérie (depuis 1830), de la Cochinchine (1867), par l'extension du Sénégal, l'établissement de son protectorat en Tunisie (1878), au Tonkin (1885), à Madagascar (1885-95), et tout récemment, au Maroc, depuis 1900.

Enfin dans la guerre de 1914-18, alliée à la Russie, à la Serbie, à l'Angleterre et à ses colonies, puis au Japon, à l'Italie, à la Grèce, aux Etats-Unis d'Amérique, la France, mal préparée vit de nouveau son territoire envahi et sa capitale menacée ; mais elle finit par vaincre l'Allemagne (voir ce nom), recouvra l'Alsace-Lorraine, obtint le Cameroun et l'exploitation du bassin minier de la Sarre, et contribua à la libération des petites nations (voir Pologne et Autriche-Hongrie).

Fortement endettée et menacée par le socialisme, la question financière et la question économique et sociale sont pour elle, maintenant surtout, deux problèmes à résoudre : pour un pays démocratique et à suffrage universel comme l'est la France, elles constituent un danger ; on ne saurait donc exagérer leur importance. Pour y remédier et régénérer le pays, tous ses enfants devraient avoir davantage conscience de ses intérêts, être plus consciencieux qu'ils ne le sont, travailler et produire davantage, moins gaspiller, enfin pratiquer toujours l'indispensable « union sacrée ».

Apogée de la France : de 1250 à 1320, de 1640
à 1690, de 1804 à 1811.

3° ITALIE

Après la chute de l'empire romain d'Occident (476), l'Italie fut dominée par les Hérules (476-91), Théodoric, roi des Ostrogoths (491-522), les Grecs (522-68) et les Lombards. Ceux-ci créèrent de nombreux duchés (Italie du nord, Toscane, Spolète, Bénévent), mais les empereurs d'Orient conservèrent près de la moitié du royaume (Ligurie, exarchat de Ravenne et Pentapole, duché de Rome, Calabre, Pouille, Sicile et Sardaigne). Contre ces deux adversaires hérétiques, les papes appelèrent les princes franks.

Pépin le Bref, roi de France en 752, vint en Italie (754), soumit les Lombards et fonda le pouvoir temporel du Saint-Siège en lui donnant l'Emilie, la Pentapole et Rome (755). Charlemagne, son fils, prit en 774 le titre de roi d'Italie. Il donna à son fils Pépin (781) le royaume d'Italie qui comprenait toute la péninsule sauf les duchés de Bénévent, de Naples, d'Amalfi, la Calabre et la Sicile. Après la mort de Pépin (810) et de son fils Bernard (818), l'Italie passa à Lothaire (petit-fils de Charlemagne) qu'elle soutint contre son père Louis le Débonnaire (833) et contre ses frères Louis le Germanique et Charles le Chauve (841). Au traité de Verdun (843), Charles reçut la Franconie occidentale (France), Louis la Franconie orientale (Allemagne) et Lothaire les pays intermédiaires : les contrées entre la Meuse et le Rhin (Lorraine) jusqu'à la mer du Nord, la Frise, une partie de la Bourgogne et l'Italie (1). Lothaire, qui portait la couronne impériale, vécut à Aix-la-Chapelle, capitale de ses Etats. A la mort

(1) Au moment du traité de Verdun, l'Italie était divisée en 4 tronçons : au sud, la Sicile (aux Musulmans de 827 à 1090) et les possessions de l'empire d'Orient (Calabre et Pouille) ; au centre, les Etats de l'Eglise, constitués par les donations des rois franks Pépin et Charlemagne (755 et 774) ; au nord, le royaume d'Italie ou royaume des Lombards comprenait la Lombardie, les duchés de Spolète et de Bénévent. Tandis que du Xe au XVe siècle, l'Italie du sud fut unifiée par les normands français, l'Italie du nord, passée nominalement sous l'autorité des rois de Germanie, de 951 à 1254, se démembra et donna naissance à de nombreuses républiques urbaines, qui pour la plupart devinrent des principautés, car il n'y avait point de pouvoir central en Italie où le Saint-Siège, par intérêt, fit tout pour empêcher une domination unique de s'établir.

de son fils Louis II (855-75), le dernier des Carolingiens, l'anarchie commença.

Morcelée en un grand nombre de petits Etats (1), envahie par les Musulmans (847) et les Hongrois (924), désolée par les guerres civiles, l'Italie finit par tomber sous la domination des empereurs allemands (2), Otton I, II, III. Conrad II et Henri III, en 1037 et 1046, agirent en chefs véritables de la

(1) Marquisat d'Ivrée et duché de Frioul ; principautés épiscopales de Milan, Pavie, Vérone, Turin : républiques de Venise et de Gênes ; marquisat de Toscane ; républiques de Pise et de Florence, marquisat de Spolète, Etat romain ; duchés de Bénévent, Salerne, Capoue, Naples ; république d'Amalfi; thèmes byzantins de Pouille et de Calabre.

(2) *L'Italie du nord* ou royaume des Lombards avait eu pour rois, depuis 888, successivement des ducs de Frioul et de Spolète, des marquis d'Ivrée et des rois de Provence. En 951, le roi de Germanie Othon Ier (936-973) épousa Adélaïde, fille de Rodolphe, roi de la Bourgogne trao-jurane (voir aux provinces françaises Bourgogne et Provence) et veuve de Lothaire, roi des Lombards. Devenu ainsi roi d'Italie, il fit de Milan la capitale de l'Italie (qui avait été Ravenne sous les Ostrogoths, puis Rome et Pavie) et fut sacré empereur à Rome le 2 févr. 962. Mais l'émiettement restait extrême : le nord de l'Italie acheva de se décomposer en un grand nombre de petits Etats ; les marches de Vérone et d'Aquilée (débris du puissant duché de Frioul) se rattachèrent à la Bavière (952) puis à la Carinthie (976) ; Trévise et Este eurent des marquis indépendants, tandis que le pape ne fut alors qu'un fonctionnaire impérial. Avec Otton commença le Saint-Empire Romain Germanique, titre que l'empire d'Allemagne porta jusqu'en 1806. Deux ligues lombardes (1167-83 et 1225-49). dirigées par le pape et Milan, triomphèrent de Frédéric Ier Barberousse et de Frédéric II et rendirent l'indépendance à l'Italie du nord. En 967 fut créé par Otton le marquisat de Montferrat et au XIe siècle le comté de Maurienne qui fut le premier héritage des comtes de Savoie.

L'*Italie méridionale*, restée byzantine, fut ravagée au début du Xe siècle par les Musulmans qui s'emparent de la Sicile, de la Sardaigne et de la Calabre. Mais en 1016 apparurent les Normands avec Tancrède de Hauteville. Ses fils Robert Guiscard et Roger conquirent les duchés de Spolète et de Bénévent (1044-80) sur le royaume lombard, la Calabre et la Pouille (1057), et la Sicile (1058-1089) : Roger II enlevant aux Grecs le duché de Naples, créa en 1130 le royaume normand des *Deux-Siciles* (Calabre, Pouille, Sicile, Amalfi, Capoue et Naples). Sa fille Constance en hérita en 1189, après avoir épousé (1186), Henri (l'emp. Henri VI), fils de l'empereur Frédéric-Barberousse. Les empereurs allemands ne conservèrent l'Italie méridionale que jusqu'en 1266, date à laquelle elle passa à la première maison d'Anjou (Charles Ier, frère de St Louis, 1266-82). Les royaumes de Naples et de Sicile furent séparés 4 fois : de 1282 à 1435, de 1458 à 1504, de 1713 à 1735 et de 1806 à 1815 : la maison d'Anjou régnait à Naples, celle d'Aragon en Sicile ; cette dernière réunit une première fois le double royaume qui échut en 1479 au roi d'Aragon Ferdinand III, puis à ses successeurs les rois d'Espagne, jusqu'en 1701. Sauf de 1713 à 1721 et de 1806 à 1815, alors que Victor-Amédée régnait en Sicile et Joseph-Napoléon puis Murat à Naples, les Bourbons ont, de 1700 à 1860, régné sans interruption sur Naples et la Sicile.

féodalité et du Saint-Siège. Mais Grégoire VII, pape en 1073, entreprit de lutter contre les souverains allemands avec l'aide des Normands (établis depuis 1017 dans le sud de la péninsule et depuis 1061 en Sicile) et de la comtesse Mathilde de Toscane (1) Il prétendit même élever les droits des papes au-dessus de ceux des rois et déchaîna ainsi les guerres du Sacerdoce et de l'Empire (voir ci-après Papauté). Au cours de cette lutte, qui occupa les dynasties de Franconie et de Souabe (voir Allemagne), les villes du nord de l'Italie formèrent des sortes de républiques, et les Normands constituèrent le royaume des Deux-Siciles (1130) que Charles d'Anjou, appelé par le pape après l'extinction des Hohenstaufen (1254), essaya en vain de dominer. Les noms de Guelfes et de Gibelins, sortis de ces luttes, leur survécurent.

Mais malgré l'intensité des guerres civiles, l'Italie des XIIIe et XIVe siècles s'enrichit par l'industrie, le commerce, surtout maritime, et l'extension coloniale. Les Peruzzi et les Alberti étaient les banquiers de l'Europe ; Marco Polo, Nicolo di Conti exploraient des mondes nouveaux ; Dante, Pétrarque et Boccace composaient leurs immortels chefs-d'œuvre.

La démocratie italienne, d'ailleurs peu libérale, enfanta bientôt des tyrans à Vérone, à Lucques, à Parme, à Milan. A Milan dominèrent, de 1277 à 1450, les Visconti, vicaires de l'empereur, faits ducs en 1395 par l'empereur Venceslas, puis les Sforza qui par mariage leur succédèrent ; en 1535 le Milanais devint espagnol. Au début du XIVe siècle, Cosme de Médicis est le maître de Florence qui, en 1569, fut fait par la papauté grand-duché de Toscane. Les papes, rentrés à Rome après la captivité d'Avignon (1309-78) — ils avaient acquis le Comtat Venaissin au XIIIe s. — essaient vainement de maintenir la paix entre Venise (2), Milan, Florence et Naples. Sixte IV, Innocent III,

(1) La Grande-Comtesse Mathilde possédait la Toscane, les comtés de Modène, Reggio. Mantoue, Ferrare et Crémone et fit donation de tous ses biens au pape (1102).

(2) *Venise*, soumise aux doges dès la fin du VIIe siècle, conquit en 997 les ports de l'Istrie et de la Dalmatie, et fut, au XIIe siècle, maîtresse de l'Adriatique. Lors de la 4e croisade (1204), elle reçut les îles de l'Archipel, Nègrepont, Candie et la Morée, mais à partir de 1261, elle entra en rivalité avec Gênes qui lui prit toutes ses conquêtes en terre ferme (1381). Elle obtint toutefois la marche de Trévise (1388), le Padouan (1405), le Bressan (1428), s'empara de Corfou (fin du XIVe siècle), acheta en 1489 Chypre (conquise

Alexandre VI sont entraînés dans une politique que rendent encore plus active les invasions françaises et les luttes de Charles VIII, Louis XII, François I⁰ʳ, Henri II contre les Impériaux et les Espagnols. En vain Paul IV essaie-t-il de chasser ces derniers de la péninsule : ils dominent les princes italiens, possèdent Naples et les présides de Toscane. Le seul prince qui garde quelque indépendance est Emmanuel-Philibert de Savoie (voir Savoie) qui possédait le Piémont depuis le milieu du XVIᵉ siècle.

Le XVIIᵉ siècle abaissa les Espagnols au profit des Français, qui entrèrent à Casale (1681), bombardèrent Gênes (1684) et humilièrent le Saint-Siège. Les traités de 1713 donnèrent aux Autrichiens le Milanais, Naples, le Mantouan, la Sardaigne échangée en 1720 contre la Sicile ; Victor-Amédée de Savoie, qui avait su trahir à propos, reçut le titre de roi de la Sicile qu'il dut céder pour la Sardaigne (1720). Mais après l'extinction des Farnèse (1731) et des Médicis (1736), surtout après les traités de Vienne (1738) et d'Aix-la-Chapelle (1748), des Bourbons furent installés dans les Deux-Siciles, à Parme, Plaisance et Guastalla, et la Toscane fut cédée à François de Lorraine-Autriche (maison de Habsbourg).

Un souffle libéral dû à l'influence française passa sur l'Italie et la prépara à la Révolution. Envahie dès 1792 par les Français qui occupèrent Nice et la Savoie, l'Italie résista faiblement. Victor-Amédée dut signer le traité de Cherasço (1796). La victoire de Lodi (1796) expulsa les Autrichiens du Milanais. La république fut proclamée à Milan, Bologne, Reggio, Modène, Ferrare. Après le traité de Campo-Formio (1797), la république cisalpine (cap. Milan) fut fondée, mais Venise fut cédée à l'Autriche avec l'Istrie et la Dalmatie (1797-8). La république était

par Richard Cœur de Lion en 1191 et cédée par lui aux sires de Lusignan), et joua dans le commerce et la politique italienne un rôle prépondérant. Mais les Turcs lui ravirent les îles de l'Archipel (1477), et après la défaite que lui fit subir à Lépante don Juan d'Autriche (1571), Venise perdit Chypre en 1573, et dès lors elle ne cessa de décliner.

Gênes, indépendante dès le Xᵉ siècle, ne cessa de croître jusque vers la fin du XIVᵉ siècle : elle enleva à Pise la Corse (1284), détruisit Pise et Livourne (1290), et reçut des empereurs Grecs les faubourgs de Constantinople, Smyrne, Chio, etc. (1261-95).

Pise, libre dès 888 fut, du Xᵉ au XIIIᵉ siècle, la rivale de Gênes : elle reçut du pape la Corse (1092), conquit la Sardaigne sur les Arabes (1099), Palerme, les Baléares, l'île d'Elbe, etc., mais fut battue et ruinée à la fin du XIIIᵉ siècle par Gênes.

proclamée à Rome (fév. 1798), à Naples (janv. 1799) et en Toscane (mai 1799). En 1801, la France prit Parme et Plaisance, donnant à l'ancien duc la Toscane qui devint royaume d'Etrurie. En 1802, Bonaparte devint président de la république cisalpine, le Piémont forma six départements français, et Victor-Emmanuel Ier fut relégué en Sardaigne. Puis la république cisalpine devint un royaume dont Eug. de Beauharnais fut vice-roi (1805). La Ligurie, Parme, Plaisance, Lucques et Piombino furent annexés à l'Empire. Par le traité de Presbourg (déc. 1805), le royaume d'Italie s'accrut de Venise, de l'Istrie et de la Dalmatie. Joseph Bonaparte devint roi de Naples (1806), titre qui passa à Murat (1808), tandis que Pauline Borghèse devenait duchesse de Guastalla et que le royaume d'Etrurie était annexé à l'Empire. De 1808 à 1810, les Etats pontificaux furent supprimés. Mais dès 1814, l'Italie se tourna contre nous et Murat lui-même se prononça contre Napoléon. Les traités de Vienne de 1815 donnèrent à l'Autriche le royaume lombard-vénitien, la Toscane, Piombino (à l'archiduc Ferdinand), Modène (à François d'Este) et Parme (à Marie-Louise). Le Piémont reçut Gênes ; le pape et le roi de Sicile furent rétablis dans leurs Etats. (Pour l'histoire du Piémont, voir aux provinces françaises : la Savoie).

Alors commença une vive réaction contre les idées libérales répandues par les Carbonari. Des révolution éclatées à Naples (1820) et au Piémont (1821) obligèrent Ferdinand à donner une constitution et Victor-Emmanuel à abdiquer en faveur de Charles-Félix. Mais les Autrichiens étouffèrent ces tentatives. En 1830, des révolutions soulevèrent Parme, Modène, la Romagne ; le parti de la Jeune Italie, dirigé par Mazzini, montra une grande activité. Des révolutions libérales furent accomplies en Piémont et en Toscane par Charles-Albert et Léopold II ; enfin l'avènement de Pie IX, pape libéral (juin 1846), fut salué avec enthousiasme. En 1848, Milan se lève contre les Autrichiens, auxquels Charles-Albert déclare la guerre. Mais, battu à Novare (mars 1849), il abdique en faveur de Victor-Emmanuel II. Les princes, chassés par la révolution, sont rétablis à Parme, Modène et Florence. Les Français prennent Rome d'où le pape était sorti, et les Autrichiens Venise (1849), capitale de leur royaume lombard-vénitien.

Seul le Piémont garda quelque force, grâce à Cavour qui obtint la participation du Piémont à la guerre de Crimée (1854), posa devant le congrès de Paris (1856) la question italienne et obtint en 1859 le concours de Napoléon III contre l'Autriche. Les victoires de Montebello, Palestro, Magenta, Solférino, les traités de Villafranca et de Zurich et les vœux des peuples italiens donnèrent au Piémont la Lombardie (jusqu'au Mincio), la Toscane et l'Emilie (1859-60). Les Etats Napolitains furent soulevés par Garibaldi (1860) qui fit proclamer roi Victor-Emmanuel, tandis que les Pontificaux étaient battus à Castelfidardo et l'Ombrie annexée au Piémont. En 1861, Victor-Emmanuel prit le titre de *roi d'Italie* ; Pie IX, se sentant menacé, lança l'encyclique du 8 déc. 1864 accompagnée du Syllabus. Victor-Emmanuel transporta sa capitale de Turin à Florence et s'allia à la Prusse contre l'Autriche. Battu à Custozza et à Lissa (1866), il obtint cependant la Vénétie (paix de Vienne), tandis que les Français évacuaient (1866 et 1870) Rome, qui devint capitale de l'Italie.

L'Italie s'est rapprochée de l'Autriche et surtout de l'Allemagne sous le règne d'Humbert Ier (1878-1900). Mais son fils, Victor-Emmanuel III, qui en 1902 a conclu un accord avec la France, après avoir renouvelé la Triple Alliance de 1882, l'a dénoncée en 1915 et est entré, le 23-25 mai 1915 en guerre contre ses alliés, dans le but d'acquérir Trente et Trieste sur lesquels l'Italie prétend avoir des droits. Le duc d'Aoste s'empara de Gorizia (9 août 1916), mais une vigoureuse offensive austro-allemande amena la perte du Frioul et de la Vénétie jusqu'à la Piave (23 oct.-13 nov. 1917). Le jour même où l'Autriche, en proie à la révolution intérieure, signait l'armistice (3 nov. 1918), les Italiens purent occuper l'Istrie et le Trentin. Aujourd'hui elle réclame en outre, sans raison, Fiume qui, en toute justice, devrait servir de port au nouvel Etat yougo-slave. Cette question est de nature à créer dans l'avenir entre l'Italie et la Serbie des rapports difficiles.

Apogée de l'Italie : de 1900 à 1914.

Papauté

La Papauté, qui remonte aux premiers temps du christianisme (d'après la tradition catholique saint Pierre aurait été le premier pape), reçut en 755 de Pépin le Bref, roi de France, ses conquêtes lombardes : Exarchat de Ravenne, Pentapole, Pérugi.ı et Spolète ; et en 1077 de la Grande-Comtesse Mathilde, duchesse de Toscane, tous ses Etats : Toscane, Modène, Ferrare, Reggio, Mantoue et Crémone. Les uns et les autres constituèrent le Patrimoine de saint Pierre et donnèrent au Saint-Siège un pouvoir temporel (accru du Comtat Venaissin, 1274 et d'Avignon, 1346) qu'il perdit en 1870, ne conservant plus que le pouvoir spirituel.

Outre la guerre du Sacerdoce et de l'Empire (1) dont l'objet était la suprématie du pape sur les empereurs allemands et autres souverains, les autres grands faits de l'Histoire de la Papauté sont: le concile œcuménique de Nicée (325) présidé par l'empereur Constantin qui dressa le « Symbole de Nicée », le *Grand Schisme d'Orient* qui sépara en 862, et définitivement en 1053, l'Eglise grecque de l'Eglise romaine ; la captivité d'Avignon (1309-77) ; le Grand Schisme d'Occident (1378-1449) alors que deux séries de papes hostiles siégeaient à Rome et à Avignon ; enfin et surtout la *Réforme* luthérienne et calviniste au XVIe siècle, suivie du concile œcuménique de Trente (1545-63) qui anathématisa les dissidents et réforma l'Eglise catholique.

Sur 590 millions de chrétiens (il y a 1.665 millions d'habitants sur toute la surface de la terre), on compte aujourd'hui 279 millions de catholiques qui reconnaissent le pape (élu par les cardinaux depuis 1179) pour leur chef, 179 millions de protestants, 132 millions d'orthodoxes grecs.

Apogée de la papauté sous Grégoire VII (1073-86),
(Canossa 1077) et Innocent III (1198-1216).

---

(1) Cette guerre est un drame en trois actes : dans le premier (Querelle des Investitures, 1059-1122), le pape et l'empereur se disputent la suprématie sur l'Europe chrétienne ; le concordat de Worms (1122) les oblige à de mutuelles concessions. Au second acte (1156-83), il s'agit surtout de l'indépendance de l'Italie que les empereurs de la maison de Souabe ou de Hohenstaufen (Frédéric Barberousse) veulent asservir et que la paix de Constance (1183) délivre; dans le troisième (guerre des Guelfes et des Gibelins, 1208-1250), l'indépendance du Saint-Siège est en péril ; la mort de Frédéric II la sauve.

4° ESPAGNE

L'Espagne, conquise par les Romains (219-133), fut en 410 dévastée par les Vandales, les Suèves et les Alains qui s'y établirent ; mais ils durent bientôt céder la place aux Visigoths qui, en 611, étaient maîtres de tout le pays.

Les Arabes (1) vinrent à leur tour en 710 ; ils refoulèrent vers le nord les Visigoths qui, en 719, ne possédaient plus que le petit royaume des Asturies (Léon). L'Espagne fut alors une province du grand empire des califes de Damas ; mais en 756 elle forma un empire à part : le califat de Cordoue ou omniade. Il cessa d'exister en 1031, après avoir duré 275 ans, et se démembra en 19 principautés indépendantes.

Cependant les Goths s'accrurent : au XIII° siècle ils possédaient tout le pays jusqu'au Douro. Des vassaux des rois de Léon avaient repris la vieille Castille ; enfin Pépin et Charlemagne avaient conquis la Septimanie et tout le pays entre les Pyrénées et l'Ebre dont ils avaient fait la Marche d'Espagne.

En 831, Aznar, lieutenant de Pépin, roi d'Aquitaine, se rendit indépendant dans cette Marche et fonda le *royaume de Navarre*, tandis qu'à l'est se formait le comté de Barcelone qui resta feudataire de la France (jusqu'en 1258) puis de l'Aragon. La maison de Navarre finit par absorber les autres en 1037, mais elle s'était divisée en trois lignes pourvues chacune d'un royaume : Castille (et Léon depuis 1230), Aragon, qui s'était augmenté de la Catalogne (1137), Navarre. Un quatrième Etat, le comté, puis

---

(1) *Les Arabes (Musulmans ou Sarrasins)*, qui descendent d'Ismaël, fils d'Abraham et d'Agar, reconnaissent pour leur prophète Mahomet (571-632). L'Islamisme (qui compte encore aujourd'hui 235 millions d'adeptes) s'est propagé avec une rapidité prodigieuse. Il conquit la Syrie (632-9), sur les rois de Perse, l'Egypte (638-41) et la Perse (631-50) sur les empereurs d'Orient. La dynastie omniade, qui régna à Bagdad de 661 à 750, termina la conquête du nord de l'Afrique (697-708), enleva l'Espagne aux Visigoths (713), envahit la Gaule que sauva Charles Martel à Poitiers (732). Puis les Abbassides régnèrent à Damas, capitale du califat d'Orient, de 750 à 1258 ; le califat de Cordoue dura de 756 à 1031 et le califat d'Egypte de 909 à 1171, date à laquelle les Eyyoubites y succédèrent aux Fatimites (jusqu'en 1250).

(Pour le Mahométanisme dont le Coran est la Bible, voir notre petite brochure : Notions élémentaires sur les Religions autres que le Christianisme).

royaume de Portugal se forma de 1095 à 1139. Ces quatre États étaient sans cesse en guerre avec les Maures ou Almoravides, venus de Mauritanie (Maroc), qui avaient succédé à la puissance des Arabes ; mais à la fin du VIIIe siècle le royaume maure de Grenade était le seul État musulman qui subsistât encore.

Les deux royaumes de *Castille* et d'*Aragon* devenaient de plus en plus puissants : le premier, par ses conquêtes en Espagne même, le second par l'acquisition de la Navarre (1076) (1), du Roussillon (1172), des Baléares (1229-33), de la Sicile (1282), de la Sardaigne (1323-6) et du royaume de Naples (1435). Ces deux États se trouvèrent réunis en 1479 par suite du mariage (1469) de Ferdinand d'Aragon et d'Isabelle de Castille. En 1492, le royaume de Grenade put enfin être conquis par Ferdinand qui ajouta à ses possessions, en 1512, la Navarre espagnole (voir aux Provinces françaises, Navarre). La réunion de toute l'Espagne en un même État date de l'avènement de *Charles-Quint* (Charles Ier, 1516-56), élu empereur d'Allemagne en 1519 : il était petit-fils par son père de l'empereur Maximilien (voir le tableau I). Cette réunion et cette élection, la possession de la Sicile, de la Sardaigne, du royaume de Naples (1435 et 1504), de la Franche-Comté (1477), des Pays-Bas (1477), l'acquisition du Milanais (1535), la découverte et la conquête du Mexique (1519-21), du Pérou (1526-33), de la Nouvelle-Grenade, du Chili (1540-50), de l'Argentine (1535-52), enfin l'acquisition du Portugal (1580) firent de l'Espagne au XVIe siècle (avec *Philippe II*, 1556-98 qui eut comme successeurs Philippe III, 1598-1621, Philippe IV, 1621-65 et Charles II, 1665-1700) la puissance prépondérante en Europe. Mais des fautes de tout genre, l'expulsion des Juifs (1492) et des Maures (1609), les rigueurs de l'Inquisition, l'émigration des Espagnols en Amérique, les guerres continuelles amenèrent bientôt sa ruine. Elle se vit enlever successivement : en 1609 sept des 18 provinces des Pays-Bas ; en 1640 le Portugal, en 1659 le Roussillon et l'Artois, en 1678 la Franche-Comté ; elle perdit aussi sa population, son industrie, sa vigueur.

La guerre de la Succession d'Espagne (1701-14), qui plaça

(1) La Navarre fut à l'Aragon de 1076 à 1134 et la Haute-Navarre depuis 1512 ; voir aux Provinces françaises.

ASCENDANCE ET POSSESSIONS DE CHARLES-QUINT

Maximilien d'Autriche, fils de l'emp. Frédéric III (1439-93) et empereur de 1493 à 1519 épouse en 1477 **Marie de Bourgogne**, fille de Charles le Téméraire (1466-77).   **Ferdinand V**, roi d'Aragon, épouse en 1469 **Isabelle**, reine de Castille, ils règnent tous deux sur toute l'Espagne de 1479 à 1516.

Philippe le Beau (1), archiduc d'Autriche, épouse en 1496 *l'héritière de la monarchie espagnole* **Jeanne la Folle** (2)

Charles *(Charles Ier roi d'Espagne 1516-56 et l'empereur Charles-Quint 1519-56)* (3)   **Ferdinand**, archiduc d'Autriche ...: la sœur de Louis, roi de Bohême et de Hongrie (1516-26) auquel il succède de 1526 à 1564.

Il a hérité à la mort de son grand-père Maximilien (1519) des provinces autrichiennes, possessions des Habsbourg : Autriche et Styrie (depuis 1282), Carinthie (1336), Tyrol et Vorarlberg (1359), Carniole (1364). A la Bohème (à l'empire depuis 1086 et aux Habsbourg depuis 1383, sauf de 1457 à 1525) étaient rattachées la Moravie depuis 1056, la Haute et Basse-Lusace (depuis 1319 et 1370) et la Silésie (depuis 1327-57).

De son grand-père paternel, Charles-Quint hérita de la couronne impériale et de l'Allemagne.

De sa grand'mère maternelle, Marie de Bourgogne (dont l'arrière-grand-père Philippe le Hardi avait épousé en 1384 Marguerite de Flandre qui lui avait apporté la Flandre, l'Artois, la Franche-Comté et le Nivernais, perdu en 1454), Charles-Quint hérita des Pays-Bas (à la Bourgogne depuis 1433), du Luxembourg (1444), de la Flandre, de l'Artois, de la Franche-Comté. (Louis XI avait pris à Charles le Téméraire la Bourgogne et la Picardie).

De son grand-père maternel, Ferdinand d'Aragon, fils de Jean II, roi d'Aragon et de Sicile, Charles-Quint hérita : du royaume d'Aragon et de ses possessions : royaumes de Valence et de Murcie (à l'Aragon depuis 1238), Roussillon (1172), Baléares (1229-33), Sardaigne (1326), Sicile (1282), royaume de Naples (1435), Haute-Navarre (1512). Il conquit le Milanais en 1535.

De sa grand'mère maternelle, Isabelle la Catholique, sœur de Henri IV, roi de Castille, Charles-Quint hérita : du royaume de Castille et de ses possessions en Amérique : le Mexique, l'Amérique Centrale, les Antilles et toute l'Amérique du Sud, sauf le Brésil. Les Antilles furent découvertes par Christophe Colomb de 1492 à 1502, le Venezuela en 1499, l'embouchure de l'Amazone en 1500 : le Mexique fut conquis par F. Cortez de 1519 à 1521, l'Argentine de 1515 à 1553, le Pérou par Pizarre et Almagro de 1524 à 1548).

(1) Outre Philippe le Beau, Maximilien et Marie eurent une fille : Marguerite, d'abord fiancée au dauphin Charles VIII, puis femme de Philippe le Beau, duc de Savoie (1501).

(2) Outre Jeanne la Folle, Ferdinand et Isabelle eurent Catherine d'Aragon, qui épousa Henri VIII, roi d'Angleterre, et en eut Marie Tudor.

(3) En 1556 Charles-Quint abdiqua toutes ses couronnes : il donna à son fils Philippe II (1556-98) l'Espagne, les Baléares, la Sardaigne, le Milanais, le royaume de Naples et de Sicile, la Franche-Comté, la Flandre, l'Artois, les Pays-Bas et l'Amérique. Philippe II conquit le Portugal (1580).
A son frère Ferdinand Ier, empereur de 1556 à 1564, il laissa la couronne impériale et l'Allemagne. Ferdinand possédait déjà tous les Etats autrichiens et les couronnes de Bohême et de Hongrie.

sur le trône un petit-fils de Louis XIV (Philippe V, 1700-46), donna aux puissances jalouses l'occasion de lui enlever toutes ses possessions en Europe : Pays-Bas, Milanais, Toscane, Naples et la Sardaigne donnés à l'Autriche, la Sicile au duc de Savoie, Gibraltar à l'Angleterre. En 1808, Napoléon plaça sur le trône d'Espagne son frère Joseph : il en résulta une guerre acharnée (1808-14) ; le 22 mars 1814, Ferdinand VII rentra en Espagne et rétablit le pouvoir absolu que les Cortès avaient aboli en 1812. Il vit toutes ses colonies d'Amérique (1) se rendre indépendantes (1814-40) et mourut en 1833 après avoir légué la couronne à sa fille Isabelle sous la tutelle de sa mère Christine. Celle-ci, après une longue lutte contre son beau-frère don Carlos et le parti révolutionnaire, abdiqua en 1840 la régence, qui fut déférée au général Espartero ; mais il fut renversé en 1843 et Isabelle proclamée majeure. Son règne fut agité par les insurrections militaires; elle fut déclarée déchue (déc. 1868). Mais après le règne d'Amédée, duc d'Aoste (déc. 1870-févr. 1873), élu par les Cortès et un essai de république, son frère Alphonse XII fut proclamé roi par un pronunciamento le 30 déc. 1874. Il eut pour successeur, en 1886, son fils Alphonse XIII, dont la minorité fut marquée par une guerre néfaste avec les Etats-Unis (1898) qui s'emparèrent de Cuba, de Porto-Rico et des Philippines.

L'Espagne resta neutre pendant la guerre qui divisa et ensanglanta l'Europe de 1914 à 1918 ; elle s'enrichit par son commerce et son industrie et améliora ses finances.

Apogée de l'Espagne : de 1479 à 1609.

---

(1) République Argentine en 1814, Chili en 1818, Colombie (1810-32) qui se sépara en trois républiques : Nouvelle-Grenade (devenue Colombie en 1861 et qui perdit en 1902 la république de Panama), Equateur et Vénézuéla; Mexique (1821-23), Amérique Centrale (1824) qui se partagea en cinq républiques : Guatemala, Honduras, San Salvador, Nicaragua et Costa Rica ; Bolivie en 1826 et Paraguay en 1840.

5⁰ PORTUGAL

Le Portugal fut conquis en 585 par les Visigoths auxquels les Arabes l'enlevèrent en 711 et s'appela Comté de Porto. En 1095, Alphonse VI de Castille en investit son gendre Henri de Bourgogne qui l'arracha aux Musulmans et le transmit à son fils Alphonse Ier. Celui-ci se déclara roi et se rendit indépendant (1139). Le Portugal ne fit que grandir : Santarem puis Lisbonne furent conquis sur les Maures (1147) et avec la maison d'Aviz (1385-1580), il porta son activité au delà des mers (sous Emmanuel, 1495-1521). La découverte de la route des Indes (1498) lui assura de riches possessions en Afrique et en Asie, grâce aux expéditions de Diaz, de Vasco de Gama, de Cabral et aux conquêtes d'Almeida et d'Albuquerque. Devenu rival de l'Espagne et puissance navale de premier ordre, il conquit le *Brésil* (1500-31). Mais en 1580, Philippe II s'empara du Portugal dont les Hollandais ruinèrent le commerce.

En 1640, le Portugal s'affranchit du joug de l'Espagne et fit monter sur le trône la dynastie de Bragance ; dès 1703, elle plaça le pays sous la dépendance de l'Angleterre qui le défendit contre Napoléon. En 1822, le Brésil se proclama indépendant et se donna pour empereur dom Pedro, fils du roi de Portugal Jean VI. Don Pedro garda la couronne du Brésil et abdiqua en 1813 en faveur de son fils dom Pedro II ; celui-ci fut renversé par la révolution militaire du 15 nov. 1889 qui établit la république au Brésil.

Au Portugal, la révolution du 5 oct. 1910 renversa la monarchie et proclama la république qui, sur l'invitation de l'Angleterre, déclara la guerre à l'Allemagne le 9 mars 1916.

Apogée du Portugal : de 1147 à 1580.

6° SUISSE

La Suisse, malgré la conquête des Franks en 536, resta indépendante, appauvrie par les guerres, mais peu à peu civilisée par les évêques de Genève, Lausanne, Bâle, Loire, Constance et les moines qui élevèrent à St-Gall, Lucerne, Ste-Ursanne des abbayes très prospères. En 888, Rodolphe de St-Maurice se déclara roi de la Bourgogne transjurane (voir aux Provinces françaises). Rodolphe III abandonna l'Helvétie à l'empereur Conrad II le Salique (1032) ; alors se fondèrent les villes impériales (Bâle, Zurich) et l'anarchie régna dans tout le pays. Les Zaehringen (1) (1097-1218) soutinrent les empereurs contre les papes. Les biens de cette famille se partagèrent au XIII° siècle entre les maisons de Savoie et de Habsbourg (voir Autriche, notes des p. 60 et 61).

Rodolphe de Habsbourg, héritier des comtes de Kybourg, agrandit ses domaines, acheta Fribourg, enleva Berne aux princes de Savoie et leva des impositions sur le pays ; il fut élu empereur en 1273 (voir Allemagne). A sa mort (1291), les Waldstätten d'Uri, de Schwytz et d'Unterwalden formèrent une alliance pour résister aux prétentions des Habsbourg. Albert d'Autriche essaya de les soumettre, mais fut tué au passage de la Reuss (1308). Léopold fut battu à Morgarten (1315). Alors de grandes villes s'unirent aux trois cantons qui avaient rédigé en 1315 le pacte de Brunnen : Lucerne (1332), Zurich (1351), Glaris et Zug (1352), Berne (1353). Les Habsbourg durent signer la paix de Thorberg (1368). Les ducs d'Autriche essayèrent de reprendre le pouvoir : ils furent battus à Sempach (1386) et à Naefels (1388).

Mais des guerres intestines mirent les Suisses aux prises les uns avec les autres : Zurich se sépara et la dissolution semblait imminente ; la France les attaqua en 1444, mais tout rentra dans l'ordre en 1450. La paix fut conclue en 1453 avec la France, au service de laquelle les Suisses commencèrent à entrer.

(1) Maison allemande descendant d'Ethico, duc d'Alsace au VII° siècle, et dont Lanzelin, fils cadet de Gontran (duc de Sundgau et Brisgau en 917) fonda la maison de Habsbourg (voir Autriche, p. 60, note 3). Les ducs de Zaehringen possédaient les comtés de Zaehringen, Rheinfelden, Brisgau, le rectorat de Bourgogne cisjurane, la Thurgovie, Zurich, Soleure, Berne, Genève, le Valais, l'Uchtland.

Mais bientôt la Suisse fut menacée par Charles le Téméraire, duc de Bourgogne (1475) : il fut battu à Granson et à Morat (1476). L'Autriche essaya vainement de faire revivre ses prétentions : elle dut, par la paix de Bâle (1499), reconnaître l'indépendance des cantons qui s'adjoignirent Bâle (1501), Schaffhouse et Appenzell (1513) ; Fribourg et Soleure étaient réunis depuis 1481. Des alliances conclues avec le Valais (1475) et les Grisons (1497), la conquête de Locarno et de Lugano (1513), complétèrent la formation de la Suisse moderne.

Recherchés comme soldats par toutes les puissances, les Suisses se signalèrent dans les guerres d'Italie, et après leur défaite de Marignan (1515) conclurent avec la France l'Alliance perpétuelle (1516). Agitée par la Réforme (Calvin, Zwingle) et ses conséquences pendant près de deux siècles, la Suisse put toutefois faire consacrer son indépendance aux traités de Westphalie (1648).

Au XVIIIe siècle, l'activité intellectuelle fut très vive à Genève, à Lausanne, à Bâle, à Zurich. En 1789, les idées françaises se répandirent rapidement dans la Confédération, malgré le parti aristocratique et bourgeois. Le 12 avril 1798 fut proclamée la république une et indivisible. En 1799, la Suisse devint le théâtre de la guerre et fut sur le point d'échapper à l'influence libérale de la France, qui fut rétablie par la victoire de Masséna à Zurich. Bonaparte donna aux Suisses, le 9 fév. 1803, une organisation nouvelle, en 19 cantons, avec une diète de 25 membres ; la Suisse devait rester neutre, mais amie de la France ; Bonaparte prit le titre de Médiateur de la Confédération.

Après la chute de Napoléon (1814), l'ancienne Confédération fut rétablie sous la présidence de Zurich. Une nouvelle constitution, élaborée par la diète réunie à Zurich, fut signée le 7 août 1815 sous le nom de Pacte fédéral : l'admission du Valais, de Neuchâtel et de Genève, demandée par le congrès de Vienne, porta alors le nombre des cantons à vingt-deux. Le traité de Paris de 1815 reconnut la *neutralité perpétuelle* de la Suisse et lui garantit l'intégralité et *l'inviolabilité de son territoire* dans ses nouvelles limites.

La révolution de 1830 eut son contre-coup en Suisse : Bâle se morcela en Bâle-Ville et Bâle-Campagne ; le parti démocratique opéra une révolution dans le Valais en 1840 ; des troubles éclatèrent dans le Tessin (1841) et à Genève (1846). La courte guerre du Sonderbund (ligue séparatiste fondée par les cantons catholiques pour résister à la Diète fédérale qui avait prescrit l'expulsion des congrégations), heureusement terminée en 1847, amena la révision du pacte fédéral de 1815 et l'adoption de la constitution fédérale démocratique du 12 sept. 1848, modifiée en 1874, qui régit encore le pays.

La Suisse, étant donnée sa situation géographique, resta neutre pendant la grande guerre de 1914-1918.

> *Apogée de la Suisse : de 1315 à 1515 et de 1815 à 1840.*

7° BELGIQUE

Ce fut par la Belgique que les Franks commencèrent la conquête de la Gaule ; leur capitale fut Tournai. Au VIe siècle, la Belgique faisait partie du royaume d'Austrasie. Au VIIIe siècle, la famille des d'Héristals, sortie des pays belges de Liège et de Namur, y fonda la puissance des Carolingiens (voir le 2e tableau de notre brochure : *les Dynasties déchues*).

Après la mort de Louis le Débonnaire (840), la Belgique fut comprise dans le royaume de Lotharingie ; et quand celui-ci (voir aux provinces françaises, Lorraine), devenu duché de l'empire germanique, eut été partagé en Haute et Basse-Lorraine (959), la Belgique entra presque tout entière dans cette dernière dont elle forma la partie principale (la Flandre seule jusqu'à l'Escaut était au royaume de France). Le duché de Basse-Lorraine se morcela ensuite en Brabant, Hainaut, Luxembourg (1), Limbourg, Artois, Flandre, Maline, Anvers, Liège, etc., tous fiefs de l'Empire.

Au XVe siècle, ces fiefs, sauf Liège, furent réunis dans les mains des ducs de Bourgogne Philippe le Bon et Charles le Téméraire (voir Bourgogne). Le mariage de Marie de Bourgogne, fille de ce dernier, avec Maximilien d'Autriche (1477) les fit passer dans la maison d'Autriche. Charles-Quint, en y joignant de nouvelles acquisitions, en composa les dix-sept provinces qui furent nommées Cercle de Bourgogne et qui relevèrent de l'Empire, tout en appartenant depuis 1556 à la ligne espagnole de la maison d'Autriche.

Sous Philippe II sept de ces provinces secouèrent la domination espagnole (voir Pays-Bas). Les provinces répondant à la Belgique actuelle restèrent sous la dépendance de l'Espagne ; elles furent gouvernées successivement par Marguerite de Parme (sœur

---

(1) Le *Luxembourg* (voir Allemagne, page 45), compris autrefois dans la Basse-Lorraine, fut vendu par Elisabeth, fille du duc Jean et nièce des empereurs Wenceslas et Sigismond, en 1444 à Philippe le Bon, duc de Bourgogne, qui avait déjà hérité des Pays-Bas et du Brabant. Son histoire fut celle de la Belgique jusqu'en 1839 : le traité de Londres en attribua la partie orientale aux Pays-Bas ; le reste fut laissé à la Belgique. Le traité de Londres de mai 1867 a déclaré neutre le grand-duché de Luxembourg et en a fait un Etat indépendant, administré par un grand-duc qui est de la famille royale des Pays-Bas. Les Allemands s'en sont néanmoins emparés en août 1914, et ont dû le rendre, ainsi que la Belgique en nov. 1918. Ce petit pays resta fidèle à sa dynastie et est destiné à graviter désormais dans l'orbite économique de la France.

de Philippe II), le duc d'Albe, Requesens, don Juan d'Autriche, Alexandre Farnèse de Parme et l'archiduc Ernest. En 1598, Philippe II fit de la Belgique une principauté indépendante, qu'il donna à sa fille Isabelle. A la mort de l'archiduc Albert, son époux (1621), la Belgique retomba sous la domination directe de l'Espagne. Elle passa à la maison d'Autriche en 1714 par les traités de Rastadt et de Bade, et se souleva en 1789 contre l'Autriche qui avait violé ses privilèges, mais l'insurrection fut réprimée.

En 1792, la France, ayant déclaré la guerre à l'empereur François II, envahit la Belgique qui fut conquise en 1795 et réunie à la France (9 départements).

Après la chute de Napoléon (1814), la Belgique, conjointement avec les provinces hollandaises, fut érigée en Royaume des Pays-Bas, et donné à Guillaume, prince d'Orange-Nassau (Guillaume I⁰ʳ, 1814-40).

En 1830, les provinces hollandaises et belges se séparèrent après une lutte très vive. Après les longues conférences de Londres (juillet 1831), la Belgique fut reconnue indépendante. Les deux Chambres décernèrent à Léopold I⁰ʳ, prince de Saxe-Cobourg-Gotha, la couronne qu'elles avaient d'abord offerte au duc de Nemours, 2⁰ fils de Louis-Philippe. Mais ce n'est qu'en 1839, après le traité de paix conclu entre la Hollande et la Belgique et le partage du Luxembourg et du Limbourg, que ce royaume a été définitivement reconnu par toutes les puissances de l'Europe. Il a été en même temps déclaré Etat neutre. Léopold II (1865-1909), grand promoteur des entreprises coloniales en Afrique, a légué à son pays l'Etat indépendant du Congo dont il était depuis 1886 le souverain à titre personnel. Sous son neveu Albert I⁰ʳ, l'Allemagne, quoique signataire des traités de 1831 qui garantissaient l'inviolabilité et l'intégrité territoriale de la Belgique, envahit ce pays pour pénétrer plus facilement en France (1⁰ʳ août 1914), le conquit en quelques semaines (prise de Liège 6 août, de Bruxelles 20 août, d'Anvers 9 oct.) et l'occupa militairement jusqu'à novembre 1918. La Belgique recouvra ensuite son indépendance et cessa d'être un pays neutre, disposée qu'elle est à s'allier étroitement avec la France et l'Angleterre. Par son attitude héroïque avant et durant toute la guerre, le roi Albert restera le symbole du devoir et de l'honneur.

Apogée de la Belgique : sous les ducs de Bourgogne (XV⁰ siècle) et de 1831 à 1914.

Après la dissolution de l'empire romain, la Hollande passa sous le joug des Franks : Charles Martel battit les Frisons (736) et Charlemagne leur imposa le christianisme. Sous ses faibles successeurs, la Hollande se partagea en plusieurs Etats gouvernés par des souverains indépendants : comtes de la Hollande, seigneurs de Frise et de Brabant, évêques d'Utrecht, etc.

En 1433, Philippe de Bourgogne réunit cette contrée à ses vastes domaines en se la faisant céder par sa cousine Jacqueline de Bavière, héritière des Pays-Bas (Hollande et Brabant) ; il en confia le gouvernement à des lieutenants ou stathouders. Après la mort de Charles le Téméraire (1477), sa fille Marie de Bourgogne porta, par son mariage avec Maximilien, cet héritage dans la maison d'Autriche, et après Charles-Quint, il devint propriété de la branche espagnole de la même maison. C'est à cette époque que se développèrent en Hollande le commerce et l'industrie, favorisés par la découverte du Nouveau-Monde et du passage aux Grandes Indes.

Dès 1523, la réforme de Luther s'établit en Hollande ; elle y fit de rapides progrès. Sous le stathoudérat de Guillaume d'Orange (1559), les principaux Seigneurs (les « Gueux ») demandèrent le rappel des édits rendus contre la Réforme (1564). L'arrivée du duc d'Albe, envoyé par Philippe II en 1567 pour remplacer la gouvernante Marguerite de Parme, sœur du roi, et l'organisation du Tribunal de sang excitèrent un soulèvement général contre l'aurité espagnole ; Guillaume d'Orange parvint à affranchir sa patrie. Par l'union d'Utrecht (1579), un nouveau gouvernement fut établi sous le nom de République des Sept Provinces Unies — toutes protestantes — (Hollande, Zélande, Gueldre, Utrecht, Frise, Over-Yssel et Groningue). Guillaume d'Orange fut mis à la tête du nouvel Etat avec le titre de stathouder, et, après sa mort (1584), remplacé par Maurice de Nassau. Sous la conduite de celui-ci, les Hollandais, secourus par Elisabeth et Henri IV, continuèrent à lutter contre l'Espagne qui, en 1609, fut obligée de conclure une trêve de douze ans. La guerre recommença en 1621 ; la Hollande s'allia avec la France et lui dut d'être reconnue Etat indépendant à la paix de Westphalie (1648). En 1650, le stathoudérat fut aboli et la Hollande se constitua en république.

Elle soutint alternativement plusieurs guerres glorieuses, où s'illustrèrent Ruyter, Tromp, de Witt, contre l'Angleterre et la Suède ; puis, ayant conclu avec elles en 1688 la Triple Alliance, elle essaya de s'opposer aux projets ambitieux de Louis XIV. Abandonnée par ses alliées, elle essuya des défaites. En 1672, elle rétablit le stathoudérat en faveur de Guillaume III, prince d'Orange (depuis roi d'Angleterre, 1689-1702) ; l'habileté de l'amiral Ruyter rendit la prospérité à l'Etat. Guillaume, investi de pouvoirs extraordinaires, fit déclarer le stathoudérat héréditaire dans sa maison (1674). En 1702, la République, gouvernée par le grand-pensionnaire Heinsius, resta l'alliée de l'Angleterre et de l'Autriche contre la France jusqu'à la paix d'Utrecht (1713). En 1747, menacée par les succès du maréchal de Saxe, elle rétablit le stathoudérat en faveur de Guillaume IV et le rendit héréditaire. La Hollande recouvra, au traité d'Aix-la-Chapelle (1748), tout ce qu'elle avait perdu, mais fut obligé de raser ses places fortes. Son commerce et sa puissance commencèrent à déchoir ; elle fut déchirée par des troubles intérieurs et des guerres continuelles. Guillaume V abdiqua en 1784, mais fut rétabli par le duc de Brunswick qui vint occuper la Hollande. Conquise par les Français (1794-95), elle fut nommée République batave, puis érigée en 1806 en Royaume de Hollande en faveur de Louis Bonaparte qui releva le pays et y introduisit le code français. En 1811, elle fut réunie à l'empire français (7 départements).

En 1814, la Hollande reprit son indépendance : réunie à la Belgique, elle forma sous le nom de Royaume des Pays-Bas un nouvel Etat qui fut donné à Guillaume-Frédéric d'Orange, fils de Guillaume V, le dernier stathouder. Une révolution ayant violemment séparé la Belgique (1831), la Hollande redevint un royaume particulier et ne reconnut l'indépendance de la Belgique qu'en 1839.

Durant la guerre de 1914-18, elle resta neutre, quoique se montrant favorable aux intérêts allemands, favorisant, par ses importations, le ravitaillement de ses redoutables voisins ; elle donna ensuite asile au Kaiser.

Apogée de la Hollande : de 1579 à 1668, de 1697 à 1748 et de 1814 à 1831.

9° ANGLETERRE

Conquise par les Romains (de 78 à 85) jusqu'aux monts Grampians, l'Angleterre était occupée par les Bretons qui, incapables de se défendre contre les Pictes, appelèrent à leur secours les *Saxons* (448). Ceux-ci accoururent et fondèrent les quatre royaumes de Kent, de Sussex, de Wessex et d'Essex (455-527). Les *Angles*, qui les suivirent, en fondèrent trois autres : Est-Anglie, Mercie et Deirie (544-584). Tous ces royaunes finirent par se réduire en un seul sous le saxon Egbert, roi de Wessex (827).

Dès 835, les *Danois* désolèrent l'Angleterre par leurs ravages ; Alfred le Grand (871-900) les força pour quelque temps à la paix. Mais au début du XI° siècle, les Danois réussirent à imposer à toute l'Angleterre leurs rois nationaux Sweyn et Canut ; la dynastie saxonne ne fut rétablie qu'en 1041.

En 1066, Guillaume I°', duc de Normandie, conquit le royaume (victoire d'Hastings) et fonda la *dynastie normande* qui, en 1154, fut remplacée par les *Plantagenets*, comtes d'Anjou, issus de la race normande par les femmes, et dont Henri II fut la tige en Angleterre. Il possédait, outre la Normandie, les domaines de son père Geffroy, (Anjou, Touraine, Maine et Berry, voir aux provinces françaises) et ceux de sa femme Eléonore d'Aquitaine (Guyenne, Poitou, Saintonge, Auvergne, Périgord, Angoumois, Limousin). En 1171, il acquit la Bretagne et conquit l'Irlande. Le règne des Plantagenets (1154-1485) fut marqué par la lutte de Henri II et de Thomas Becket, archevêque de Cantorbury (1164-70) ; les guerres de Richard Cœur de Lion contre la France (1194-99) ; la perte de la Normandie, de l'Anjou, du Maine, de la Touraine et du Poitou par Jean sans Terre (1204) ; la concession de la Grande Charte, base de la constitution anglaise (1215) ; la lutte de Simon de Montfort, comte de Leicester, contre Henri III (1258-65) ; la domination momentanée sur l'Ecosse pendant l'anarchie de ce pays (1286-1314) ; la guerre de Cent ans contre la France (1337-1453) ; enfin la guerre civile entre les maisons d'York et de Lancaster, dite guerre des Deux-Roses (1452-85), qui finit par la chute de la maison royale.

Alors monta sur le trône la dynastie des *Tudors*, issue d'une branche collatérale, et sous laquelle le pouvoir royal fut à son apogée. Elle substitua la religion protestante au catholicisme : Henri VIII, Edouard VI et *Elisabeth* contribuèrent à accomplir cette révolution (1533-1603).

A Elisabeth succéda Jacques Ier (VI en Ecosse) qui commença en Angleterre la dynastie des *Stuarts* et qui, le premier, réunit sous un seul sceptre, l'Angleterre, l'Ecosse et l'Irlande. Charles Ier, son fils, trop favorable au catholicisme et au pouvoir absolu, périt sur l'échafaud en 1649. La république fut alors proclamée, et Cromwell resta maître de l'Etat jusqu'à sa mort (1658). Les Stuarts furent rétablis en 1660 ; mais les fautes de Jacques II amenèrent la révolution de 1688 qui renversa cette dynastie et donna pour souverain aux Anglais Guillaume III, prince d'*Orange* et stathouder de Hollande, qui avait épousé Marie, fille de Jacques II. La reine Anne, qui lui succéda, consomma l'union de l'Angleterre et de l'Ecosse (1707) ; son règne fut marqué par les victoires de Marlborough sur les Français.

Après la mort de la reine Anne (1714), la *maison de Hanovre* fut appelée au trône comme la plus proche héritière de la maison royale ; c'est elle qui règne encore aujourd'hui. Sous cette dynastie eurent lieu : la guerre de Sept ans (1756-63) ; la conquête du Canada (1763) ; la perte des colonies anglo-américaines (1774-83) (voir Etats-Unis) ; les premiers établissements en Australie (1788) ; la soumission de l'Inde (1757-1816) ; la lutte contre la Révolution française et contre l'Empire (1793-1815 : victoires de Nelson à Trafalgar 21 oct. 1805 et de Wellington à Waterloo 18 juin 1815) ; la réunion définitive de l'Irlande (1800) ; le rappel des lois contre les non-conformistes et même contre les catholiques (1820-29) ; la réforme électorale (1832) ; l'abolition des lois sur les céréales et la proclamation de la liberté commerciale (1846) ; les guerres contre les Afghans et le Pendjab (1846) ; la guerre de Crimée faite contre la Russie de concert avec la France (1854-55) ; l'insurrection et la prompte répression de l'Inde (1857-58) (1) et diverses expéditions contre la Chine (1842-60), l'Abyssinie (1868), les Achantis (1874), l'Afghanistan (1878-

---

(1) C'est à partir de 1877 que le souverain de Grande-Bretagne et d'Irlande porte le nom d'empereur de l'Inde.

80) ; l'occupation de l'Egypte (1882) et les campagnes désastreuses au Soudan ; l'annexion de la Haute-Birmanie (1885) ; l'extension considérable en Afrique (1886-91) ; la conquête du Haut-Nil (1899), du Transvaal et de l'Orange (1899-1901).

Sous l'influence de son roi Edouard VII (1901-10), l'Angleterre, inquiète du progrès du pangermanisme, s'est rapprochée de la France (accord du 8 avril 1904) et de la Russie (accord du 31 août 1907, suivi du voyage d'Edouard VII à Reval, 9 juin 1908). Dès le début de la guerre de 1914, à laquelle elle n'était pas plus préparée que la France et la Russie, menacée directement, par la conquête allemande de la Belgique, elle s'est rangée aux côtés de la France à laquelle elle prêta, après le vote de la conscription (1915) un concours de plus en plus apprécié. Dans tous les domaines, ses efforts furent considérables. Sa flotte, malgré les sous-marins allemands qui coulèrent le quart de sa marine marchande, assura le ravitaillement de l'Europe et le transport des troupes américaines (1). Puissamment aidée par le Canada et l'Australie, elle remporta en France, surtout en 1918 après son acceptation du généralissime Foch, des succès brillants et efficaces durant les quatre derniers mois de la guerre, tandis que ses généraux conquéraient sur les Turcs la Mésopotamie (Bagdad, 11 mars 1917), la Palestine (Jérusalem, 10 déc. 1917) et la Syrie (Damas et Alep, 1er et 26 oct. 1918), causant ainsi la capitulation de la Turquie et par suite celle de l'Allemagne. Après la guerre, elle reçut les colonies allemandes en Afrique (Afrique orientale et Sud-ouest africain) et accrut par traité son influence en Perse en y prenant la place de la Russie. Mais, comme pour la France, la question financière et surtout l'agitation ouvrière sont pour elle très importantes et menacent sa prospérité matérielle. Quant au problème irlandais qui lui cause depuis si longtemps tant de soucis, il est resté pratiquement insoluble. Enfin elle dut récompenser l'aide efficace que lui ont apportée ses colonies (le Canada et l'Australie (2) surtout) pendant la guerre en leur réservant une place considérable dans l'administration de l'empire.

(1) La flotte britannique a en effet transporté 20 millions d'hommes, 2 millions de chevaux, 110 millions de tonnes de matériel (voir Allemagne, note de la page 49).

(2) L'Australie reçut aux traités de paix toutes les colonies allemandes en

Apogée de l'Angleterre : de 1154 à 1429 (sauf de 1364 à 1380) et de 1485 à 1900, surtout dans la 2e moitié du XIXe siècle.

Ecosse

En 833, Kennet II Macalpin réunit sur sa tête les deux couronnes des Pictes et des Scots et fut le premier roi de l'Ecosse. En 1314. Rob. Bruce battit les Anglais qui voulaient annexer le pays. Les Stuarts montèrent sur le trône en 1370. Jacques IV épousa Marguerite, fille de Henri VII, roi d'Angleterre, et Jacques V, Marie de Guise : ce mariage resserra encore les liens qui unissaient l'Ecosse et la France. Sous son règne, Knox établit le presbytéranisme. En 1542, Marie Stuart succéda à son père Jacques V ; elle s'opposa à la Réforme, mécontenta ses sujets et se réfugia auprès de sa cousine la reine Elisabeth qui la fit exécuter (1587). Son fils Jacques VI devint roi d'Angleterre en 1603. L'Ecosse conserva d'abord son titre de royaume, son parlement et ses lois ; ce n'est qu'en 1707 qu'Anne fondit les deux royaumes en une seule monarchie sous le nom de Grande-Bretagne.

Irlande

L'Irlande, christianisée par saint Patrick au IVe siècle, fut envahie au VIIIe par les Danois qui furent vaincus en 1014 par le roi Boron. Henri II s'empara en 1171 de l'île qui ne fut soumise qu'en 1603. Les Anglais commencèrent dès lors à faire peser sur l'Irlande un joug intolérable. Ils lui accordèrent cependant un Parlement indépendant en 1782 : mais après l'insurrection de 1796, ils le supprimèrent (1800) et décrétèrent l'union définitive des deux pays. Rob. Peel émancipa les Irlandais catholiques en 1829. La misère, cause de la dépopulation et de l'émigration des

Océanie situées au-dessous de l'Equateur (Nouvelle-Guinée, archipels Salomon et Bismarck) ; les autres (archipels Mariannes, Carolines et Marschall) échurent au Japon.

Irlandais, a provoqué de nombreuses conspirations (Fenians 1865, Ligue agraire 1880 et 1882, révolte d'avril-juillet 1916, qui fut suivie d'une longue agitation marquée par les attentats des Sinn-Feiners qui se multiplient depuis déc. 1919) et la question irlandaise est restée insoluble, malgré d'innombrables et incessants efforts (1).

Quant au *Pays de Galles*, toujours très indépendant, il fut soumis en 923 par Edouard Ier qui donna à son fils le titre de Prince de Galles, porté depuis par l'héritier de la couronne ; mais la réunion avec l'Angleterre ne fut complète que sous Henri VIII en 1536.

(1) On sait, en effet, que le nord-est de l'île ou province de l'Ulster (cap. Belfast) est protestante et unioniste et que les trois autres provinces (Leinster cap. Dublin, Munster cap. Limerick et Connaught) sont catholiques et ardemment indépendantes. L'Angleterre devait se résoudre à renoncer définitivement à toute suprématie sur l'Irlande : l'autonomie complète, l'indépendance absolue de l'île paraissent conformes à l'esprit de la 5e proposition Wilson (voir à l'annexe p. 131 et note de la p. 133).

10° SUEDE

La Suède, habitée par les Goths et les Suears, eut pour premier roi Olaf Skötkonung (xe siècle), qui se fit chrétien. Puis régnèrent les Stenkill (1060-1130), dont saint Eric qui développa le christianisme, bâtit l'église d'Upsala, conquit la Finlande (1157) et fonda l'évêché d'Abo. La civilisation se développa encore avec les Folkungar (1250-1366) : Birger fonda Stockholm (1254), Magnus Ladulas (1255-90) protégea les paysans.

En 1388, l'élection au trône de Suède de Marguerite, déjà reine de Danemark et de Norvège, amena la réunion des trois royaumes scandinaves, qui fut confirmée par l'union de Kalmar (1397). Mais plusieurs fois la Suède, impatiente du joug danois, se souleva, se rendant peu à peu indépendante ; enfin *Gustave Vasa* chassa le roi de Danemark Christian II et délivra complètement la Suède de la domination danoise (1523).

Avec les *Vasa* (1523-1564), la Réforme s'établit — en 1527 — dans la Suède qui depuis a toujours été luthérienne. Sous ces princes, la Suède prit rang parmi les grandes puissances. Gustave-Adolphe (1611-1632)conserva la Finlande que lui disputait la Russie (traités de Vilborg 1609 et de Stolbova 1617), conquit l'Ingrie et la Carélie sur les Russes (1617), la Livonie sur la Pologne et intervint en Allemagne. La guerre de Trente Ans (1618-48) donna beaucoup de gloire (victoires de Breitenfeld 1631 et de Lutzen 1632) et des avantages extérieurs à la Suède. Sous *Christine* (1632-54), les traités de Westphalie lui cédèrent une partie de la Poméranie, les duchés de Brême et de Verden et les embouchures de l'Oder. En 1645, les Suédois avaient enlevé aux Danois les provinces de Jemtland, Herjedalen, Gotland et Osel.

Les guerres recommncèrent après l'abdication de Christine qui céda le trône à son cousin Charles X Gustave, de la *maison des Deux-Ponts* (1654-1751), et par sa mère arrière-petit-fils de Gustave Vasa. Les guerres de Charles X aboutirent, sous Charles XI, aux traités : d'Oliva (1660) par lequel la Pologne cédait la Livonie et l'Esthonie ; de Copenhague, enlevant au Danemark la Scanie, Halland, Blekinge et Bohus ; de Kardis (1661), éloignant les Russes de la Baltique. Mais l'aventureux *Charles XII*

(1697-1719), après avoir obtenu contre les Russes des succès inouïs (Narva 1700, v. Pologne), fut vaincu à Poltava (1709), par le czar Pierre le Grand, ne put rentrer dans ses Etats qu'après quinze ans d'absence et ruina sa patrie qui fut, par le traité de Nystadt (1721), dépouillée de presque toutes ses conquêtes (Livonie, Esthonie, Ingrie, Carélie cédées à la Russie ; Stettin, partie de la Poméranie antérieure, Usedom et Wollin donnés à la Prusse). Les règnes d'Ulrique-Eléonore et de son époux Frédéric de Hesse (1719-51) furent marqués par la diminution du pouvoir royal et par l'affaiblissement du pays (perte d'une partie de la Finlande au traité d'Abo, 1743) auquel la Russie et la Prusse imposèrent l'élection de Frédéric de *Holstein-Gottorp* (1751-71), père de Gustave III (1771-92).

Les querelles des Bonnets et des Chapeaux, les luttes du roi et de la diète qui fut domptée par le coup d'Etat de 1772, l'assassinat de Gustave III par Ankarstrœm, une folle guerre entreprise par Gustave IV contre la Russie et la France et qui amena la perte de la Finlande, de la Botnie orientale et d'une partie de la Poméranie, enfin la déposition de ce roi (1809) détruisirent l'autorité de la Suède. Le sage Charles XIII signa la paix avec la France et choisit pour son successeur le général français Bernadotte (1811). Dès 1813, la Suède se joignit aux Alliés pour agir contre Napoléon, et en récompense elle reçut en 1814 la Norvège (voir ci-dessous) dont le Danemark fut dépouillé ; mais la Russie gardait la Finlande et la Botnie orientale que lui avait données le traité de Frederikshanm (1809).

En 1818, à la mort de Charles XIII, *Bernadotte* lui succéda sans difficulté sous le nom de Charles XIV. Il régna jusqu'en 1844, accomplit d'utiles réformes, fit de grands travaux (canal de Gota, 1832) et s'efforça de rapprocher intimement la Suède et le Danemark. Ses successeurs Oscar Ier, Charles XV, Oscar II, Gustave V ont puissamment développé l'instruction, l'industrie et l'agriculture. En octobre 1915, la Norvège se rendit indépendante.

Pendant la guerre de 1914-1918, les trois Etats scandinaves conservèrent une stricte neutralité ; mais contribuèrent puissamment, la Suède surtout, au ravitaillement de l'Allemagne. La Suède reçut au traité de paix les îles Aland qui lui revenaient de droit.

Apogée de la Suède : de 1523 à 1709 et depuis 1818.

11° NORVEGE

La Norvège a longtemps été indépendante, d'abord en formant plusieurs petits Etats, ensuite unie en une seule monarchie du IX° au XIV° siècle. Elle fut réunie au Danemark et à la Suède par l'Union de Kalmar (1397) sous Marguerite de Danemark, puis séparée de la Suède en 1450 par la rupture de l'Union, mais elle resta, ainsi que l'Islande, réunie au Danemark.

En 1814, le congrès de Vienne donna la Norvège à la Suède (voir ci-dessus) ; elle continua cependant à former un Etat distinct avec un gouvernement particulier.

En 1905, elle se sépara de nouveau de la Suède (17 oct.) et se donna pour roi (12 nov.) Haakon IX, fils du roi de Danemark Frédéric VIII et gendre du roi d'Angleterre Edouard VII.

12° DANEMARK

Le Danemark fut habité par les Jutes, les Cimbres et les Angles, puis par les Goths ; ceux-ci secoururent les Saxons contre Charlemagne et fournirent leurs contingents aux pirates normands. Les luttes contre les rois de Germanie eurent pour effet d'unifier le Danemark. Dan le Magnifique réunit les îles danoises à la Scanie. Gormond le Vieux soumit le Jutland (863). Les Danois conquirent l'Angleterre en 887, une seconde fois en 1000 avec Suénon qui prit aussi la Norvège (1022). Kanut augmenta cet empire et introduisit le christianisme dans son royaume. Mais l'Angleterre en 1042 et la Norvège en 1044 se séparèrent du Danemark.

Sous la *dynastie des Estrithides* (depuis 1047), le régime féodal devint prépondérant : depuis 1320 tous les monarques, à leur avènement, durent jurer une capitulation consacrant les privilèges de l'aristocratie.

Un instant fief d'Empire (1152-62), le Danemark prit sa revanche en conquérant toutes les côtes de la Baltique jusqu'à l'Esthonie (XIII° s.). A la mort de Valdemar IV (1376), sa fille Marguerite prit le pouvoir, épousa le roi de Norvège Haakon VIII, battit le roi de Suède Albert de Mecklembourg à Fallköping (1387) et se fit proclamer reine de Suède (1388) ; elle donna la prééminence du Danemark dans l'*Union de Kalmar* (1397) qui réunissait les trois royaumes sous une seule monarchie. Mais cette union fut rompue en 1448, malgré les efforts des princes de la maison d'Oldenbourg, et la révolte de Gustave Vasa rendit en 1523 cette séparation définitive. Toutefois Christian Ier, chef de la *maison d'Oldenbourg* qui régna sur le Danemark de 1448 à 1863, réunit la Norvège, le Schleswig, le Holstein (1460) par choix des habitants, et trois pouvoirs de la Gothie en Suède. Mais l'aristocratie, toute puissante, s'empara des domaines royaux.

En 1527, la Réforme luthérienne s'introduisit au Danemark et favorisa encore les prérogatives de la noblesse. Christian IV, élu chef de l'Union évangélique, intervint dans la guerre de Trente ans : il fut battu et dut signer le traité de Lubeck (1629). En 1645, par le traité de Bromsebro, signé à la suite d'une guerre malheureuse avec la Suède, le Danemark perdit, dans le sud de la province scandinave, la province de Hjemtland, Herjedal et les îles Gotland et Osel. Frédéric III perdit aux traités de Roskild et de Copenhague (1660) les provinces suédoises de Scanie, Blekinge et Halland.

Ces désastres permirent à la royauté de se coaliser avec le clergé et la bourgeoisie pour faire échec à la noblesse : la loi royale de 1665 interdit toute aliénation de domaine ou de souveraineté. La royauté put alors donner un code au Danemark (1683) et à la Norvège (1687), abolir le servage (1720), et, à la fin du XVIIIe siècle, améliorer la législation criminelle, transformer le service militaire féodal en une charge personnelle et les corvées en prestations ; l'égalité devant la loi fut établie.

Allié de Napoléon, le Danemark fut attaqué par les Anglais en 1801 et 1807 et perdit en 1814 la Norvège qui fut unie à la Suède. Il reçut de la Prusse, en 1816, le duché de Lauenbourg.

Le Holstein ayant demandé des institutions représentatives en 1830, Frédéric VI accorda des Etats provinciaux à tout le royaume (1831) et en 1849 Frédéric VII donna à son pays une constitution parlementaire (Folkething ou Chambre des Députés et Landsthing ou Sénat).

Le règlement de la future succession au trône, en 1848, pro-

voqua la révolte des duchés de Schleswig et de Holstein, encou-
ragée par la Prusse (1848-51) ; elle se termina par le traité de
Londres (8 mai 1852) qui assura le trône au prince Christian de
la maison de *Sonderbourg-Glücksbourg*, qui règne depuis 1863.
A la mort de Frédéric VII (1863), l'Allemagne réclama l'indépendance du Schleswig, du Holstein et du Lauenbourg, ce qui
donna lieu à une guerre désastreuse pour le Danemark : il dut
céder ces duchés ainsi que les îles d'Alsen et de Fehmarn à la
Prusse et à l'Autriche (30 oct. 1864). En 1866, l'Autriche dut
abandonner tous ses droits à la Prusse par le traité de Prague.
Le Danemark s'est, par la suite, rapproché de l'Allemagne, quoique resté neutre pendant la récente guerre. Elle recouvra en
1919 la plus grande partie des territoires que l'Allemagne lui avait
ravis en 1864.

*Apogée du Danemark : de 1162 à 1618, surtout
de 1162 à 1523.*

13° ALLEMAGNE

La Germanie fut, après l'invasion des Barbares, partagée en une foule de peuples indépendants : Alemanni (1) (entre le Danube, le Main et le Haut-Rhin), Franks (dans le Bas-Rhin), Saxons (entre le Harz et la mer du Nord), Suèves (entre le Neckar et l'Elbe), Goths (Bas-Danube), Avares (nord du Danube), etc., jusqu'au moment où Charlemagne les soumit et les incorpora à son empire. Mais après sa mort (814), tous ces éléments divers, réunis par la force, formèrent au X° siècle les quatre duchés primitifs de Souabe, de Bavière, de Franconie et de Saxe (2).

Le traité de Verdun, signé en 843 par les fils de Louis le Débonnaire, donna naissance au *royaume de Germanie* qui reconnut pour roi Louis, dit le Germanique, 3° fils de Louis le Débonnaire, ainsi qu'à ceux d'Allemannie et de Bavière qui se fondirent avec le précédent sous le nom d'*Allemagne*. Définitivement séparée de la France et de l'Italie après la déposition (887) de Charles le Gros, 4° fils de Louis le Germanique, l'Allemagne fut jusqu'en 911 gouvernée par les Carolingiens : Arnulph de Carinthie, fils de Carloman (fils aîné de Louis le Germanique) et son fils Louis IV, dit l'Enfant. Mais à l'extinction de cette famille, la monarchie devint élective.

La couronne fut alors conférée à Conrad I°', duc de Franconie, descendant de Charlemagne par les femmes. Il eut pour successeur Henri I°', dont le père Otton, duc de Saxe, avait épousé une fille de l'empereur Arnulph. Henri I°' l'Oiseleur fut le chef de la *dynastie saxonne* (919-1024) qui donna cinq empereurs à l'Alle-

(1) Les Allemanni, après avoir été battus par Clovis à Tolbiac (496), s'étaient fixés, unis aux Suevi, en Souabe, en Suisse et en Alsace.

(2) A la Souabe ou Allemannie, duché depuis 843, appartenaient l'Alsace (depuis 923), la Rhétie et la Turgovie (voir Suisse). Elle donna à l'Allemagne six empereurs : les Hohenstaufen, qui la possédèrent de 1138 à 1254 ; Richard de Cornouailles la réunit alors à l'empire. A la Saxe (duché depuis 843) se rattachaient la Thuringe et une partie de la Frise. La Franconie (France Austrasienne), duché en 902, fut à l'empire de 911 à 919 et de 1024 à 1198 ; elle fournit 5 empereurs (de 911 à 918 et de 1024 à 1125). Pour la Bavière, duché en 911, voir ce nom.

magne [Henri Ier (1), Otton I (2), II, III, Henri II (3)], et renouvela presque, en la personne d'Otton Ier le Grand, l'empire de Charlemagne. A partir de ce règne, la couronne impériale, qui avait été alternativement portée par des rois de France, d'Allemagne et d'Italie, appartint exclusivement à l'Allemagne qui prit dès lors le titre de *Saint-Empire romain germanique* (962-1806).

La maison de Saxe réunit à l'Empire la Lotharingie (923), la Bohême (vers 950) et la Lombardie (962). Puis régna la *maison salique* ou de *Franconie* (1024-1125) (Conrad II, Henri III, IV, V) qui ajouta en 1032 le royaume d'Arles (voir aux provinces françaises Bourgogne et Provence) aux possessions de l'Empire (4) qui atteint son apogée sous Henri III (5), duc de Bavière, de Franconie et de Souabe, le prince le plus puissant de la chrétienté, et se signala surtout par ses démêlés avec le Saint-Siège (Henri IV à Canossa, janv. 1077, voir Italie et Papauté).

(1) Henri Ier l'Oiseleur, élu roi de Germanie en 919, soumit la Bavière et la Souabe, enleva la Lorraine à la France (923) et lui imposa des ducs, rendit la Bohême tributaire, créa Magdebourg et les margraviats de Brandebourg (926), d'Autriche (928), de Misnie (929), de Slesvig (931) et repoussa les Danois, les Slaves et les Hongrois (victoire de Mersebourg, 933).

(2) Otton Ier le Grand succéda à son père Henri Ier comme roi de Germanie en 936 ; il épousa en 951 Adélaïde, veuve du roi des Lombards, et fut par suite roi de l'Italie du Nord (v. Italie, page 15, note 2) en 961, puis empereur (2 févr. 962), créant ainsi le Saint-Empire romain germanique qui subsista jusqu'en 1806. Il ajouta encore au roy. de Germanie les duchés de Lorraine (940) et de Bohême (950), triompha des Slaves et des Polonais et après sa grande victoire d'Augsbourg (955), où périrent 100.000 Hongrois, il rétablit l'Ostmark ou marche orientale devenue en 1156 duché d'Autriche et la marche de Misnie (Saxe actuelle).

(3) A Otton III, petit-fils d'Otton Ier, succéda Henri II le Saint (1002-1024), petit-fils de Henri de Bavière, frère d'Otton le Grand. Henri II enleva la Bohême aux Polonais que soumit son successeur Conrad II. Celui-ci céda le Slesvig au Danemark et réunit à l'empire, à la mort du roi d'Arles Rodolphe III (1033), toute la vallée du Rhône, la Franche-Comté et la Suisse.

(4) Les Empereurs, déjà souverains de la Lorraine (depuis 923) et de l'Italie (du nord depuis 961, du sud depuis 1189) réunirent ainsi, pour trois siècles, à leur royaume de Germanie tout l'ancien royaume de Lothaire, qui toutefois ne comprenait pas l'Italie méridionale (voir Italie, page 15, note 2).

(5) Henri III (1039-56), fils de Conrad II, obtint en effet l'abdication du pape Grégoire VI, fit nommer successivement trois papes allemands, donna aux Normands l'investiture de la Calabre et de la Pouille (voir Italie) et la Haute-Lorraine en 1048 au comte Gérard d'Alsace, tige de la maison de Habsbourg-Lorraine (v. Lorraine), battit les Tchèques et les Hongrois, confisqua le duché de Bavière et reçut l'hommage de la Pologne.

A Lothaire II (1) de Saxe (1125-37), si humble envers l'Eglise, succéda la *maison de Souabe ou de Hohenstaufen* (1138-1254). Deux souverains de cette maison, Conrad III (1138-52) et son neveu Frédéric Ier Barberousse (1152-90) portèrent la puissance impériale à son plus haut degré. Mais leurs successeurs Henri VI (1190-97) et Frédéric II (1218-50), en réunissant les couronnes d'Allemagne et d'Italie (Henri VI avait en effet épousé en 1186 Constance, l'héritière du royaume normand des Deux-Siciles et depuis le mariage (951) d'Otton Ier avec Adélaïde, veuve du roi des Lombards, l'empereur était le maître de l'Italie du nord), excitèrent les craintes de la papauté (voir ce nom) qui engagea contre eux une lutte désespérée dans laquelle ils furent vaincus et perdirent l'Italie ; c'est le temps de la fameuse guerre des Guelfes et des Gibelins, les premiers partisans du pape, les seconds de l'empereur (voir ci-dessous, note).

A la mort de Conrad IV commença un grand interrègne (1254-1273) — Guillaume de Hollande, Richard de Cornouailles et Alphonse de Castille étaient en même temps empereurs — qui livra l'Allemagne à l'anarchie (elle comptait alors près de 400 Etats autonomes). Rodolphe de Habsbourg (1273-91) — voir

(1) Lothaire II donna en 1134 la Marche du Nord (plus tard Altmark) au Comte Albert l'Ours (1134-70), de la maison d'Anhalt et fondateur de la maison Ascanienne ; l'Altmark fut appelée ensuite marche de Brandebourg ; le même empereur donna en 1137 la Saxe (voir ce nom) à son gendre Henri le Superbe, duc de Bavière. A la mort de Lothaire II (1137), deux grandes maisons se partageaient l'Allemagne : celle des *Welfs* était représentée par Henri le Superbe, qui, déjà héritier de la Bavière et de la Toscane (son grand-père Welf Ier avait été créé en 1071 duc de Bavière par l'empereur Henri IV ; son père Henri le Noir avait acquis le Lunebourg ; enfin son oncle Welf II avait épousé la grande comtesse Mathilde de Toscane), avait acquis la Saxe et le Brunswick par son mariage avec la fille de l'empereur Lothaire II ; la maison souabe des Hohenstaufen, alliée à la maison impériale de Franconie et qui descendait des seigneurs de *Wiblingen*, avait pour chef Frédéric II, duc de Souabe, fils de Frédéric Ier de Souabe qui avait épousé Agnès, sœur de l'empereur Henri V et fille de l'empereur Henri IV, le père de Frédéric Ier Barberousse. L'empereur Conrad III enleva à Henri le Superbe la Saxe qu'il donna à Albert l'Ours, margrave de Brandebourg (voir Saxe et Prusse) et la Bavière qu'il transféra à Léopold de Babenberg, margrave d'Autriche. C'est alors que l'Allemagne se divisa en deux camps : les partisans de la maison de Saxe (Guelfes) et ceux de la maison de Souabe (Gibelins). En 1142, Conrad rendit la Saxe au jeune fils d'Henri, Henri le Lion, mais diminuée du margraviat de Brandebourg, qui fut érigé en fief immédiat de l'Empire en faveur d'Albert l'Ours (voir Bavière, note 1, p. 54).

Suisse et Autriche — rétablit un peu l'autorité de la couronne impériale ; mais sous ses successeurs immédiats et sous la *maison de Luxembourg* (1308-1437), famille qui au XII° siècle avait réuni le Limbourg et le Luxembourg (voir Pays-Bas) et qui donna cinq empereurs à l'Allemagne (1), on vit s'accroître sans cesse le pouvoir des grands feudataires et des Electeurs de l'empire ; leurs droits furent publiquement sanctionnés par la fameuse bulle d'or donnée par Charles IV en 1356 (2).

En 1438, Albert II, gendre de l'empereur Sigismond de Luxembourg (1410-37) fit remonter sur le trône impérial la *maison d'Autriche* qui n'en descendit plus qu'en 1806. L'Empire

(1) Sous la dynastie de Luxembourg, les possessions de l'empire comprenaient : en Allemagne, les Etats héréditaires des Habsbourg — voir Autriche — (Haute et Basse-Autriche, Styrie, Carinthie, Carniole, Tyrol et Vorarlberg), les marches du Nord créées par Henri Ier (danoise, des Billungs, Altmark, Lusace ou Ostmark, Misnie) et les quatre duchés primitifs de Saxe, Franconie, Souabe et Bavière ; hors d'Allemagne : la Lorraine (depuis 923), divisée vers 959 en Haute et Basse-Lorraine, l'Alsace (à la Souabe depuis 923), l'Italie du Nord (de 951 à 1249) et du Sud (de 1194 à 1266), et depuis 1032 le royaume d'Arles dont se détachèrent la Savoie (en 1027-34), la Provence et le Dauphiné en 1063, devenus indépendants ; quant à la Franche-Comté, elle appartint à la Souabe de 1169 à 1208, à l'empire de 1477 à 1678, puis à la France. Enfin dépendaient encore du St-Empire romain germanique la Bohême jusqu'en 1086, de 1310 à 1457 et depuis 1526 et la Hongrie de 1386 à 1453 et depuis 1526 ; à la Bohême étaient rattachées la Moravie (depuis 1310), la Silésie depuis 1327, la Lusace supérieure depuis 1355. En 1364, l'empereur Charles IV acheta la Basse-Lusace au Brandebourg où les ducs de Bavière furent margraves de 1323 à 1373 et en 1373 il acquit le Brandebourg de la Bavière. L'année 1378 marque l'apogée de la maison de Luxembourg. Cette année-là Charles IV partagea ses Etats entre ses trois fils, dont les deux premiers lui succédèrent sur le trône impérial. Il donna à l'aîné Wenceslas la Bohême, la Silésie et le Haut-Palatinat, au 2°, Sigismond, le Brandebourg (v. Prusse), à Jean la Lusace, enfin la Moravie à ses neveux. En 1388, Wenceslas fut déposé comme empereur, mais continua jusqu'en 1419 à régner en Bohême ; son frère Sigismond vendit en 1402 le Neumark à l'Ordre teutonique (voir Prusse) et en 1415 céda le Brandebourg au burgrave de Nuremberg Frédéric de Hohenzollern. Il épousa Marie, deuxième fille de Louis-le-Grand, roi de Pologne et de Hongrie et régna par suite sur ce dernier pays, alors que l'aînée, Hedwige, fit monter sur le trône de Pologne son époux Jagellon, grand-duc de Lithuanie.

(2) La Bulle d'Or reconnaissait sept Electeurs : trois ecclésiastiques, les archevêques de Trèves, de Cologne et de Mayence ; et quatre laïques : le duc de Saxe, le margrave de Brandebourg, le comte palatin du Rhin et le roi de Bohême. Un huitième électeur, le duc de Bavière, élevé à cette dignité par l'empereur Ferdinand II en 1623, fut reconnu au traité de Westphalie en 1648. Le droit d'élection avait d'abord appartenu à tous les guerriers libres, puis, depuis 1156 seulement aux princes et aux grands feudataires.

possédait, outre l'Allemagne propre, les domaines des Habsbourg: Autriche, Styrie, Carniole, Carinthie, Tyrol et Vorarlberg ; la Bohême qui, depuis 1310 à 1806, lui a toujours appartenu (sauf de 1457 à 1526) et la Hongrie (voir ce nom) depuis 1386 (elle fut indépendante de 1457 à 1526). A Maximilien (1493-1519), fils de Frédéric III (1439-93), succéda son petit-fils Charles V (1519-56). *Charles-Quint* (voir tableau I, à l'Espagne) releva la puissance des empereurs ; il combattit avec succès François Ier et donna la prépondérance à l'Allemagne, mais il ne put étouffer la Réforme. La guerre de Trente Ans (1618-48), terminée par la paix de Westphalie, eut pour résultats l'abaissement de l'Allemagne, la suprématie de la France et la liberté de conscience. Les règnes de Léopold Ier (1657-1705) et de ses fils Joseph Ier et Charles VI (1711-40) furent remplis par de longues guerres contre Louis XIV et Louis XV. La mort de Charles VI donna lieu à la guerre de la succession d'Autriche (1740-48) qui assura la couronne à l'époux de Marie-Thérèse (voir Autriche) et plaça ainsi sur le trône la *maison de Lorraine* dans la personne de François Ier (1745-65).

De 1789 à 1803, l'Allemagne comptait 360 Etats. Les principaux princes étaient les Habsbourg et Hohenzollern, possédant chacun un Electorat (Bohême et Brandebourg), les électeurs de Saxe, du Palatinat, de Bavière et de Hanovre (celui-ci, créé en 1692, était depuis 1714 roi d'Angleterre), le duc de Wurtemberg, le landgrave de Hesse, le duc de Mecklembourg, le duc d'Oldenbourg, les trois archevêques électeurs de Mayence, de Trèves et de Cologne, l'archevêque de Salzbourg, la ville de Hambourg, etc.

En 1806, l'empire d'Allemagne cessa d'exister par suite de l'abdication de François II, qui ne conserva que ses Etats héréditaires et prit le titre d'empereur d'Autriche. La plus grande partie des petits Etats qui composaient auparavant l'Empire d'Allemagne se réunirent alors avec le titre de *Confédération du Rhin*, sous le protectorat de Napoléon (paix de Presbourg, déc. 1805) : elle comprenait 4 royaumes (Bavière, Wurtemberg, Saxe, Westphalie), 6 grands-duchés, 6 duchés, 20 principautés.

Les événements de 1815 modifièrent encore cet état de choses : à la Confédération du Rhin on substitua la *Confédération germa-*

nique. Elle se composait des provinces allemandes de l'Autriche, de la Prusse, des Pays-Bas, du Danemark et de 35 Etats, soit un ensemble de 49 millions d'habitants. Tous ces Etats étaient représentés par une diète de onze membres désignés par les gouvernements et siégeant à Francfort-sur-Mein sous la présidence de l'Autriche ; chaque Etat avait un nombre de voix proportionné à son importance.

En 1848-49, il y eut des tentatives pour constituer une Allemagne unitaire. Un parlement fut convoqué à Francfort pour remplacer l'ancienne diète et rétablir l'Empire dont la couronne fut offerte au roi de Prusse Frédéric-Guillaume IV, qui la refusa. L'ancien ordre de choses fut rétabli en 1850 : Mais après la victoire de la Prusse sur l'Autriche à Sadowa et le traité de Prague (1866), l'Autriche fut rejetée de la Confédération germanique, qui se scinda en deux : 1º la Confédération du Nord, composée de 22 Etats au nord du Mein, réunis sous la présidence du roi de Prusse ; 2º l'Allemagne du Sud, sans lien fédéral, composée des royaumes de Bavière et de Wurtemberg, du grand-duché de Bade, du grand-duché de Hesse-Darmstadt et de la principauté de Lichstenstein.

Le 18 janvier 1871, à la fin de la guerre franco-allemande (voir page 12), l'empire d'Allemagne a été reconstitué sous l'hégémonie de la Prusse. La constitution du 4 mai maintenait l'autonomie intérieure des Etats (1) ; mais le Kaiser (la dignité impériale fut déclarée héréditaire dans la maison royale de Prusse) disposait des relations extérieures et des forces militaires de l'Empire ; il désignait le grand chancelier, présidant du Conseil d'empire ou Bundesrath, composé de 58 membres nommés par les gouvernements confédérés ; un parlement d'empire ou Reichtag, élu par le suffrage universel et direct, contrôlait les actes du pouvoir impérial.

Le petit-fils de *Guillaume le Victorieux*, roi de Prusse en 1861 et empereur d'Allemagne de 1871 à 1888, *Guillaume II* (1888-1918), poussé par les pangermanistes et le parti militaire, ne crai-

---

(1) Les 26 Etats étaient les quatre royaumes de Prusse, de Bavière, de Saxe et de Wurtemberg (voir ci-après), six grands-duchés, cinq duchés, sept principautés, trois villes libres (Hambourg, Brême et Lubeck), l'Alsace-Lorraine (voir aux provinces françaises) et l'île d'Héligoland.

gnit pas, à la suite de l'attentat de Serajevo du 28 juin 1914 (voir Autriche et Serbie) de déchaîner une conflagration européenne. Alliée de l'Autriche depuis 1879, de la Turquie où elle était toute puissante dès le début de 1913 (12 nov. 1914), de la Bulgarie (5 oct. 1915), l'Allemagne déclara (1er-3 août) la guerre à la Russie, protectrice de la Serbie menacée par l'Autriche, à la France alliée à la Russie depuis 1891, à la Belgique dont elle envahit le territoire (2 août) et se la vit déclarer par l'Angleterre (4 août) et son alliée (depuis le 30 janvier 1902) le Japon (25 août). Successivement l'Italie (23 mai 1915) quoique alliée de l'Allemagne et de l'Autriche (depuis 1882), la Roumanie (27 août 1916), les Etats-Unis d'Amérique (3-6 avril 1917) se rangèrent du côté du droit violé. L'Allemagne perdit en 1914 toutes les colonies qu'elle avait acquises de 1886 à 1890 : Togoland, Sud-Ouest et Est Africain, Congo, Cameroun, les îles de Samoa, Nouvelle-Guinée, Bismark, Salomon, Carolines, Marianes, Marshall, et Kiao-tcheou que la Chine lui avait cédé en 1898, soit 3 millions de km² (voir Angleterre, page 34 et note 2). Sur le front occidental, elle fut d'abord victorieuse: ses armées occupèrent la Belgique (août) et le nord-est de la France ; mais elles furent arrêtées par Joffre sur la Marne (5-11 sept.) et ne purent s'emparer ni de Paris, deux fois menacé (début de sept. 1914 et fin mars 1918) et souvent bombardé par avions et même par canons à longue portée, ni de Calais en nov. 1914, ni de Verdun (fin février 1916). Par contre, elles conquirent la Pologne, la Courlande et la Lithuanie (juin-sept. 1915), le Montenegro (janv. 1916), la Roumanie (sept. 1916 — janv. 1917), Riga (3 sept. 1917), le Frioul et une partie de la Vénétie (fin oct.-nov. 1917). En Russie, où elle favorisa la révolution du 7 nov. 1917, l'Allemagne triompha au traité de Brest-Litowsk (3 mars 1918), occupa Odessa (13 mars), la Baltique et la Finlande (mars-avril), la Crimée (mai) et domina l'Ukraine. Mais en juillet 1918, la fortune changea : les armées alliées, enfin commandées (depuis le 30 mars) par un chef unique, le maréchal Foch, repoussèrent l'offensive du 15 juillet et reconquirent peu à peu presque tout le territoire occupé, tandis que les alliés de l'Allemagne, eux aussi partout battus, faisaient défection (Bulgarie 29 sept., Turquie 31 oct., Autriche 3 nov.). L'armistice, sollicité par l'adversaire depuis le 5 octobre fut signé le 11 novembre 1918 et consacrait la fin de la suprématie militaire de l'Allemagne et de son hégémonie en Europe : l'ennemi, désarmé sur terre, sur mer et dans les airs (1) était réduit à l'impuissance, l'Alsace et la Lorraine rendues à la France, la rive gauche du Rhin occupée par les armées alliées, le bassin de la Sarre exploité par la France en dédommagement des mines du Nord détruites, la Posnanie et une partie de la Prusse orientale restituées à la Pologne. Guillaume II, qui s'est réfugié en Hollande le 9 novembre, abdiquait pour lui et pour son fils le 28 et l'Allemagne fut agitée par la révolution : les Etats se mirent tous en république, un gouvernement socialiste (Ebert-Scheidemann), soutenu par la bourgeoisie et le parti militaire, triompha des révolutionnaires (Liebknecht et spartakistes) et l'élément modéré l'emporta aux élections législatives du 19 janvier 1919. Le 11 février, le socialiste majoritaire Ebert était élu par 277 voix sur 379 votants Président de la République allemande. L'Allemagne a dû signer le traité de Versailles (28 juin), céder ses colonies, sa flotte, s'engager à désarmer, à payer des indemnités et des réparations ; elle a dû également renoncer à s'annexer l'Autriche allemande, mais elle se propose de faire une colonie de la Russie dont elle compte exploiter à son profit les immenses ressources : elle n'aura ainsi pas perdu complètement la guerre dont peut-être elle souhaite une revanche...

Apogée de l'Allemagne : de 950 à 1250 (surtout avec Otton II, Henri III, Frédéric Ier et Frédéric II), de 1520 à 1620 et de 1866 à juillet 1918.

(1) L'Allemagne s'engageait à livrer notamment 3.000 canons, 25.000 mitrailleuses, 1.700 avions, toute sa flotte militaire (74 vaisseaux de guerre) et tous ses sous-marins. La guerre de 1914-1918 aura coûté la vie à sept millions d'hommes, tués sur les champs de bataille savoir (en chiffres ronds), 1.700.000 Russes, autant d'Allemands, 1.070.000 Français, 800.000 Autrichiens, de 660.000 à 710.0000 Anglais, 460.000 Italiens, 410.000 Serbes, 340.000 Roumains, 60.000 Américains, sans compter les blessés (5 millions de Russes, 4.200.000 Allemands, 2 millions d'Anglais, autant de Français, 1.450.000 Italiens, etc.), les mutilés (730.000 Français), les morts de maladie (300.000 Français), les disparus et les prisonniers (360.000 Anglais, 460.000 Français, 1 million d'Allemands, 2.500.000 Russes). Les dégâts causés sont inestimables (120 milliards pour la France, 35 pour la Belgique) et les dépenses purement militaires qu'elle a occasionnées, invraisemblables : près de 200 milliards de francs pour l'Angleterre, 170 pour la France, 160 pour l'Allemagne, 141 pour la Russie (pour deux ans et demi de guerre), sans compter les pensions à payer aux veuves, orphe-

L'Etat prussien, formé de pièces et de morceaux, est l'œuvre de la famille de *Hohenzollern* (1), dont l'énergique activité et l'esprit de suite ont réussi à réunir entre eux le *Brandebourg* (1415), le *duché de Prusse* (1618) et les *duchés rhénans* (1609-47).

Un comte de Hohenzollern, Frédéric, originaire de l'Allemagne du Sud (entre Neckar et Danube), épousa vers 1192 l'héritière du burgraviat de Nuremberg. Un de ses descendants, Frédéric, reçut en 1273 ce burgraviat à titre héréditaire, de Rodolphe de Habsbourg dont il avait favorisé l'élection à l'Empire. Ses successeurs acquirent au XIVe siècle Anspach, Kulmbach et Baireuth ; les possessions de cette maison embrassaient alors presque toute la Franconie ; mais elles furent, au début du XVe siècle, divisées entre les deux fils de Frédéric V de Hohenzollern : Jean III, l'aîné, et Frédéric VI le cadet ; c'est ce dernier qui acquit le Brandebourg.

Le *Brandebourg* a été formé en 1157, après la conquête de la citadelle slave de Branibor, par la réunion des trois marches (vieille, moyenne, nouvelle) créées en 789 et 928 par Charlemagne et par Henri Ier l'Oiseleur, qui fonda encore entre la mer du Nord et l'Erzgebirge d'autres marches (danoise, des Billungs, de Lusace-Ostmark et de Misnie) dans un but militaire. Les premiers margraves de Brandebourg — qui relevaient du duché de Saxe — furent ceux de Soltwedel, puis de Stade (1056-1130) auxquels succéda la maison ascanienne (1134-1320), fondée par Albert l'Ours. Celui-ci, qui avait reçu de l'empereur Lothaire II la marche du Nord (Altmark), s'empara de la principauté d'Anhalt (1140), construisit Berlin (1142) et obtint de l'empereur Conrad III dont il avait favorisé l'élection contre la Saxe (1138), la Lusace et l'indépendance de son margraviat qui devenait fief immédiat de l'empire (voir Allemagne, page 44, note 1). Un de ses descendants, Albert, acquit, par son mariage (1231)

lins et invalides. Les pertes des marines *militaires* ont été : Angleterre 550.000 tonnes, Allemagne 350.000, France 110.000 tonnes (dont 4 cuirassés), Italie 76.000, Autriche 65.000, Etats-Unis 17.500 et des marines marchandes : Angleterre 7.600.000 tonnes (17 0/0 des pertes totales subies), Norvège 1.240.000, France 950.000, Italie 810.000, etc.

(1) Pour l'histoire détaillée des Hohenzollern, voir notre brochure : « *Les dynasties déchues* » (1920).

avec la fille du roi de Bohême Ottokar Ier, la Haute-Lusace, qui revint à la Bohême en 1319. A la maison ascanienne succédèrent celles de Bavière (1323-73), qui obtint en 1356 de l'empereur Charles IV la voix électorale, et de Luxembourg.

En 1402, Sigismond, empereur de cette maison, vendit la Neumark à l'ordre teutonique, et en 1415 donna le margraviat avec le titre d'électeur, en garantie de ses prêts, à Frédéric VI de Hohenzollern, burgrave de Nuremberg et depuis 1411 statthalter des marches ; il prit le nom de Frédéric Ier de Brandebourg et réunit à l'Electorat les burgraviats franks d'Ansbach et de Ba·euth.

Frédéric II Dent de fer (1440-69) acquit d'Ottokar le Kotbus et acheta à l'Ordre teutonique (1) le pays entre la Netze et l'Oder (Neumark). Albert l'Achille (1469-86) réunit toutes les possessions brandebourgeoises : il établit par la *dispositio achilléa* de 1473 que les fils aînés hériteraient seuls de l'ensemble du domaine, qu'on ne pourrait plus diviser, les fils cadets devant se contenter d'Anspach et de Baireuth. Cet acte — qui fit la fortune des Hohenzollern — maintint l'intégralité de l'électorat.

En 1618, le margrave de Brandebourg Jean-Sigismond acquit le *duché de Prusse* par son mariage avec la fille unique du duc Albert II. Le duché de Prusse avait été fondé en 1525 par Albert de Brandebourg, de la branche puînée (il était le 3e fils de Frédéric le Vieux, frère de Jean le Cicéron, tous deux fils d'Albert l'Achille), grand-maître de l'Ordre teutonique depuis 1521. En 1521, Albert introduisit le luthéranisme en Brandebourg et en

---

(1) *Les Chevaliers de l'Ordre Teutonique* (ex-Confrérie de l'hôpital allemand de Jérusalem, 1128), fondé en 1190 au siège de St-Jean d'Acre (3e croisade) par Frédéric de Souabe, fils de Frédéric Barberousse, furent chassés de Palestine et se répandirent en Europe. Appelés en 1226 par le duc Conrad de Mazovie pour convertir les Prussiens, ils occupèrent d'abord toute la vallée inférieure de la Vistule. En 1237, ils s'unirent aux Chevaliers Porte-Glaive (ordre fondé en 1204) qui venaient de coloniser la Livonie et la Courlande (1223). Ils achetèrent l'Esthonie au Danemark (1347), acquièrent du Brandebourg (ou plutôt de l'empereur Sigismond) la Nouvelle-Marche (1402) et de la Lithuanie la Samogitie (1405). Mais la conversion au catholicisme des Jagellon (le grand-duc de Lithuanie Jagiel qui épousa en 1386 Hedwige, reine de Pologne, fille de Louis-le-Grand, roi de Hongrie et de Pologne) fut fatal à l'ordre teutonique qui déchut désormais et fut combattu par ses voisins : le traité de Thorn (1466) lui enleva la Prusse orientale que les Polonais appelèrent Prusse polonaise ; il ne conservait plus que Marienverden sur la Vistule et la vallée de la Pregel sous la suzeraineté de la Pologne.

Prusse et conclut en 1525 avec le roi de Pologne Sigismond le traité de Cracovie par lequel il convertissait la Prusse orientale en un duché séculier, fief de la Pologne, et le rendait héréditaire dans sa famille.

Enfin le *duché de Clèves*, créé par l'emr. Sigismond en 1417, les *comtés de la Mark et de Ravensberg*, que Jean-Sigismond avait acquis par héritage en 1608 puis au traité de Xanten (1614), furent confirmés à l'Electorat en 1624 par le traité de Dusseldorf sous Georges-Guillaume (1619-40) et définitivement en 1647 sous Frédéric-Guillaume, dit le Grand-Electeur (1640-88) ; le comte palatin de Neubourg, qui contestait l'héritage (il fut tiré au sort) devait se contenter des duchés de Berg et de Julien.

Le Grand-Electeur, qui fut le vrai créateur du royaume de Prusse, acquit au traité de Westphalie (1648) les archevêchés et évêchés sécularisés de Magdebourg, Halberstadt, Camin et Minden, le comté de Hohenstein, enfin la Poméranie ultérieure qui faisait de la Prusse une puissance maritime. Le traité de Kœnigsberg (1656), conclu avec la Pologne, lui donna une partie de la Posnanie ; celui de Welhau (1657) dégagea le duché de Prusse de toute vassalité vis-à-vis de la Pologne.

Frédéric III, le Roi-Sergent, fut le premier roi de Prusse (Frédéric Ier, 18 janvier 1701-1713) ; il acquit Mers en 1702 ; Tecklembourg, Vallangin et Neuchâtel en 1707. Son fils Frédéric-Guillaume Ier (1713-40) obtint au traité d'Utrecht (1713) une partie des Gueldres et au traité de Stockholm (1720), Wollin, Usedom, Stettin et la moitié de la Poméranie antérieure. Frédéric II (1740-86) conquit sur l'Autriche (1741-42) presque toute la Silésie que lui laissèrent les traités d'Aix-la-Chapelle (1748) et d'Hubertsbourg (1763). Il hérita en 1744 de la Frise orientale, résista presque seule à une redoutable coalition (guerre de Sept ans, 1756-63), empêcha l'Autriche de prendre la Bavière (1777) et fit de la Prusse un contre-poids à la puissance de l'Autriche, en groupant contre elle la Furstenbund (1785) : ce fut la première confédération allemande sous le patronage prussien. Au premier démembrement de la Pologne (1772-73), il obtint pour sa part la Prusse polonaise moins Dantzig et Thorn. Frédéric-Guillaume Ier (1786-97) y joignit en 1793 ces deux villes et toute la Grande-Pologne sous le nom de Prusse méridionale et en 1795

Bialystock et Plock sous celui de Nouvelle-Prusse orientale. Il avait en outre obtenu en 1791 la cession des margraviats d'Anspach et de Baireuth.

Après avoir, dans les guerres de la Révolution, perdu ses possessions du Rhin, la Prusse avait reçu d'avantageuses compensations à l'Est, en Saxe et en Westphalie (paix de Bâle, 1795) ; en outre, le Hanovre lui avait été cédé par Napoléon en 1806 ; mais la guerre ayant éclaté peu de mois après, ses troupes furent chassées du Hanovre et battues à Iéna (14 oct.), défaite qui fut suivie de l'entrée des Français à Berlin et de la soumission de la Prusse. Le traité de Tilsitt (1807) lui retira tout ce qu'elle possédait en Westphalie et en Franconie, plus la Grande-Pologne qui devint le grand-duché de Varsovie ; refoulée sur l'Oder, la Prusse avait perdu les deux tiers de son territoire. Elle s'allia à la Russie après la retraite de 1812 et envahit la France en 1814 et 1815. Les traités de 1815 lui donnèrent la Lusace, Wittemberg, Barby, Gommern, une partie des territoires de Leipzig et de Meissen pris à la Saxe, une partie du Lauenbourg ; Fulda, Wetzlar, Berg, la Westphalie, la Prusse rhénane et le grand-duché de Posen.

En 1820, Frédéric-Guillaume III (1797-1840) établit des Assemblées provinciales ayant voix consultative. En 1847, Frédéric-Guillaume IV (1840-61) accorda la Diète réunie, où étaient convoqués les membres des Assemblées provinciales. A la suite de la révolution de 1848, une nouvelle constitution fut jurée par le roi le 6 février 1850.

En 1849, les princes souverains de Hohenzollern-Hechingen et de Hohenzollern-Sigmaringen cédèrent leur principauté au roi de Prusse moyennant un revenu annuel. En 1866, par le traité de Prague, la Prusse prit le Lauenbourg, le Hanovre, la Hesse, le Nassau, Francfort-sur-le-Mein et le Schleswig-Holstein, ce qui établit la contiguité de ses possessions de l'Est et de l'Ouest jusqu'alors séparées. En 1871, à la suite de ses victoires sur la France, l'Empire allemand fut fondé sous la suprématie du roi de Prusse. Après avoir, au cours de la guerre de 1914-1918 qu'elle a provoquée, remporté de grands succès, surtout sur son front oriental, l'Allemagne fut vaincue ainsi que ses alliés (voir ci-dessus) ; à part la Prusse orientale qui échut à la Pologne qui l'avait possédée jusqu'en 1657, et l'Alsace et la Lorraine rendues à la France, l'Allemagne ne perdit pas un pouce de son territoire, et la Prusse y reste l'état dominant : les défauts (immense orgueil, mépris pour tout ce qui n'est pas allemand, manque de bonne foi) et les grandes qualités (patriotisme, esprit de discipline, d'organisation, de travail, ténacité) de ses habitants font craindre qu'elle ne se résignera vraisemblablement pas à la défaite.

Apogée de la Prusse : de 1866 à juillet 1918.

Bavière

La Bavière fut sous la domination des Franks Austrasiens depuis 630 jusqu'à Charlemagne qui triompha de la révolte de son duc Tassillon (788). Louis le Débonnaire l'érigea en royaume (814) en faveur de son fils aîné Lothaire qui le céda à Louis-le-Germanique (817). Le royaume de Bavière comprenait alors la Bavière, la Carinthie, la Carniole, l'Istrie, le Frioul, la Pannonie, la Moravie et la Bohême (voir ces noms ci-après : Autriche).

En 911, la race des Carolingiens s'étant éteinte, la Bavière, redevenue duché, se donna pour maître Arnulph de Wittelsbach. Elle passa ensuite aux maisons de Saxe (947-1004), de Franconie (1004-1070), aux Guelfes d'Este (1) (1070-1139), puis

(1) Les plus fameux ducs guelfes (voir Allemagne, page 44, note 1) furent Henri le Superbe et son fils Henri le Lion, ducs de Bavière et de Saxe. En 1137, Henri X le Superbe, duc de Bavière, reçut la Saxe de l'empereur Lothaire II ; mais ayant refusé l'hommage à son successeur Conrad III (1138-52), celui-ci le bannit et donna le duché de Saxe à Albert l'Ours, fondateur de la maison ascanienne de Brandebourg. Henri prit les armes, fut vaincu et perdit la Bavière : Conrad la donna à son beau-frère Léopold de Babenberg, margrave d'Autriche, mais rendit la Saxe (en 1142) à Henri le Lion, fils d'Henri le Superbe. A la mort de Léopold (1142), la Bavière échut à son frère Henri II qui avait épousé Gertrude mère de Henri le Lion ; celui-ci recouvrit en 1156 la Bavière, mais diminuée de la marche d'Autriche qui fut faite duché indépendant.
En 1180, l'empereur Frédéric Barberousse (1152-90) mit au ban de l'empire Henri le Lion qui avait refusé de soutenir en Italie son suzerain et disposa de ses Etats : la marche de Styrie (voir page 60, note 2) fut faite duché indépendant ; la Bavière donnée au comte palatin Otton de Vittelsbach, tige de la maison souveraine bavaroise ; la Saxe occidentale cédée à l'archevêque de Cologne, la Saxe orientale (partagée en 1260 en Saxe-Lauenbourg et Saxe-Wittenberg) au comte Bernard d'Anhalt, fils d'Albert l'Ours ; les évêchés saxons et bavarois devinrent fiefs immédiats d'empire, ainsi que les villes de Lubeck, Hambourg et Brême.

aux comtes de Babenberg (margraves d'Autriche de 983 à 1246) de 1139 à 1180.

En 1180, l'empereur Frédéric-Barberousse donna la Bavière à Otton, comte palatin de Bavière, descendant d'Arnulph de Wittelsbach et chef de la maison qui régna jusqu'en 1777 (1). La Bavière fut divisée de 1253 à 1312 en Haute et Basse-Bavière (à celle-là étaient rattachés le Palatinat et le titre d'Electeur) puis réunie par le duc Louis III qui fut empereur (Louis V, 1314-47). Lorsqu'il mourut, il possédait, outre la Bavière à laquelle était rattaché le Brandebourg de 1323 à 1373 (voir Prusse), la Hollande, la Zélande et le Tyrol ; mais son domaine se divisa aussitôt.

En 1507, Albert II, de la branche de Munich, réunit de nouveau toute la Bavière. Ses successeurs s'opposèrent à la Réforme et favorisèrent les empereurs ; aussi le duc Maximilien reçut-il de l'empereur Ferdinand II en 1623 le titre d'Electeur héréditaire (voir Allemagne, page 45, note 2). Aux traités de Westphalie (1648), le duc de Bavière garda le Haut-Palatinat, conquis sur le Palatin, et le titre d'électeur; il y eut désormais huit électeurs. Charles-Albert (fils de Maximilien-Emmanuel qui fut l'allié de Louis XIV) prétendit à la succession de l'empereur Charles VI ; il se fit couronner, grâce à l'appui de la France, archiduc d'Autriche à Linz, roi de Bohême à Prague, empereur d'Allemagne à Francfort (1741-42). Mais il mourut en 1745, et son fils Maximilien-Joseph, avec qui s'éteignit la branche cadette des Wittelsbach en 1777, se réconcilia avec Marie-Thérèse.

La maison d'Autriche essaya vainement d'incorporer la Bavière à ses Etats (guerre de succession bavaroise, 1778-1779) : au traité de Teschen (1778), l'Autriche dut se contenter du quadrilatère de l'Inn et l'électorat palatin acquis en 1742 restait réuni à celui de Bavière.

Par la paix de Lunéville (1801), la Bavière dut céder ses pos-

(1) Louis de Bavière, chef de la maison des Wittelsbach, reçut de l'empereur Frédéric II tous les Etats d'Henri de Brunswick (fils d'Henri le Lion) qui avait pris parti contre son souverain. Parmi les domaines d'Henri figurait le Palatinat du Rhin. La maison des Wittelsbach forma deux lignes en 1294 : la cadette (la Ludovicienne, issue de Louis) eut la Bavière, le Haut-Palatinat en 1621 et s'éteignait en 1777 ; l'aînée (la Rodolphine, issue de Rodolphe de Bavière), réunit la Bavière, très augmentée, et l'ancien Palatinat ; elle ne fut détrônée qu'en 1918.

sessions de la rive gauche du Rhin ; mais Napoléon, dont elle était l'alliée, lui donna le Tyrol et le Vorarlberg (paix de Presbourg, 26 déc. 1805) et l'érigea en royaume ; au traité de Vienne (14 oct. 1809), elle obtenait encore de l'Autriche Salzbourg et le quadrilatère de l'Inn ; Maximilien, s'étant retourné contre la France en 1813, reçut en récompense en 1815 la confirmation de sa royauté et de ses possessions. Il donna en 1818 à ses Etats une charte constitutionnelle. Son petit-fils Maximilien II (1848-64) s'opposa toujours à toute tentative de centralisation de l'Allemagne ; mais Louis II (1864-86) a dû, après 1871, subir la suprématie de la Prusse. La Bavière a conservé son indépendance administrative et s'est mise en république en novembre 1918.

Apogée de la Bavière : de 814 à 911, de 1312 à 1347, de 1623 à 1745.

Saxe

Le nom de *Saxe* est commun à divers Etats de l'Allemagne, tant anciens que nouveaux, situés entre l'Ems et l'Oder, le bassin du Danube et la Baltique.

I. *Saxe ancienne.*

1° *La Saxe primitive* (est du Rhin au nord de la Lippe jusqu'au Danemark) était peuplée de pirates dont les uns formèrent quatre royaumes en Angleterre (voir ce nom) et les autres furent soumis, baptisés et civilisés par Charlemagne (771-795).

2° *Le Ier duché de Saxe* (843-1180) comprenait la Saxe grossie de la Thuringe, puis de la Misnie et du Brandebourg (920-9), du Mecklembourg, de la Poméranie et même de la Toscane et autres biens de la comtesse Mathilde (v. Italie) et de la Bavière, de 1137 à 1139 sous Henri X le Superbe, duc de Bavière (dep. 1126) et gendre de l'empereur Lothaire II (en 1137). Henri X était le prince le plus puissant de l'Europe. Son fils Henri le Lion (1) ne put empêcher le Brandebourg (v. Prusse

---

(1) Henri le Lion est la tige de la maison de Brunswick ou de Hanovre qui règne encore aujourd'hui sur l'Angleterre (voir Allemagne, page 44, note 1 et Bavière, note 1).

et Allemagne, page 44, note 1) de se rendre indépendant (1142) ;
il fut dépossédé en 1180 par l'empereur Frédéric-Barberousse qu'il
n'avait pas soutenu en Italie, de ses Etats : Saxe et Bavière, qui se
dépecèrent et se rendirent indépendants. La maison de Saxe a
fourni 6 empereurs : Henri I, Otton I, II, III, Henri II (de 919
à 1024) et Lothaire II (1133-37) ; ce dernier, si humble envers
l'Eglise, donna la Marche du Nord ou Altmark (plus tard Brandebourg) à Albert l'Ours en 1134 (voir Prusse).

3° *Le 2° duché de Saxe* (1180-1422) ne comprenait plus que
les territoires de Wittemberg et de Lauenbourg, plus la suzeraineté
de Holstein qu'il perdit en 1260. L'empereur Frédéric Barberousse, après la défection d'Henri le Lion, disposa de la Bavière
(v. ce nom) et avait donné la Saxe occidentale à l'archevêque de
Cologne, la Saxe orientale (Wittemberg et Lauenbourg) à Bernard
d'Anhalt, fils d'Albert l'Ours (voir Prusse) et déclaré fiefs immédiats d'empire les villes de Hambourg, Brême et Lubeck.

Charles IV attacha en 1355 l'électorat de Saxe à la possession
de Wittemberg qui ne le garda que jusqu'en 1422 ; il passa ensuite à la maison de Misnie (voir ci-après).

4° *Le 3° duché de Saxe ou duché électoral* (1422-1485), qui
forma le fond du royaume actuel de Saxe, s'accrut sous la maison
de Wettin ou de Misnie de la Misnie, de la Thuringe et du palatinat de Saxe (Allstett), mais il se subdivisa en 1485 (voir Saxe
actuelle).

II. *La Saxe depuis la division de l'empire en cercles (1512-
1866).*

Elle comprenait : 1° *le Cercle de Basse-Saxe* (duchés de
Mecklembourg, de Holstein et de Saxe-Lauenbourg et les villes
de Brême et Lubeck.

2° *le Cercle de Haute-Saxe*, cap. Leipzig (électoral de Saxe,
tous les duchés de Saxe moins Saxe-Lauenbourg, le Brandebourg,
Schwartzbourg, Anhalt et Poméranie).

3° *l'Electorat de Saxe*, cap. Dresde (cercle électoral et le Wittemberg, cercle de la Thuringe saxonne et margraviat de Misnie).

4° *le duché de Saxe-Lauenbourg*. Formé en 1620, il appartint
jusqu'en 1689 à la branche aînée de la ligne ascanienne de Saxe,
puis au Hanovre, au Danemark (1815) et à la Prusse (1866).

III. *La Saxe actuelle ou Royaume de Saxe* date de 1422, époque à laquelle l'empereur Sigismond transféra le titre de duc de Saxe à la maison de Wettin ou de Misnie. Frédéric le Belliqueux, 1er duc de Saxe de cette maison, fut un des plus puissants princes de l'Allemagne, mais Ernest et Albert, ses petit-fils, s'affaiblirent en partageant leurs Etats (1485).

Ernest, l'aîné, conserva, avec les titres de duc et d'électeur, le cercle électoral, la Thuringe et les pays orientaux de la Saxe. Frédéric le Sage, son successeur, exerça une grande influence sur les affaires de l'Allemagne et favorisa la Réforme de tout son pouvoir. Son second successeur, Jean-Frédéric, se vit enlever, après la défaite de Muhlberg (1547), la plus grande partie du duché de Saxe ainsi que la dignité électorale qui furent transférés par Charles-Quint de la ligne aînée (ernestine) à la ligne cadette (albertine). Maurice de Saxe, qui fut le 1er duc de cette deuxième ligne, resta luthérien et maintint la liberté protestante. Jean-George acquit la Lusace au traité de Prague (1635).

En 1697, l'électeur Frédéric-Auguste Ier abjura le luthéranisme et joignit à la Saxe la couronne de Pologne, ce qui en fit l'adversaire de Charles XII (voir Suède). Son fils Frédéric-Auguste II réunit aussi les deux couronnes, mais Frédéric-Auguste refusa le trône de Pologne que lui offrirent les patriotes polonais (1791). Allié de Napoléon, il reçut en 1806 le titre de roi de Saxe et fut créé grand-duc de Varsovie ; mais en 1815, il fut puni de sa fidélité à la France par la perte d'un tiers de ses Etats (Lusace, Thuringe, etc.).

La Saxe obtint une constitution à la suite des insurrections de 1831 et de 1848 et se mit en république en nov. 1918.

*Apogée de la Saxe : sous Henri X, de 1126 à 1139, de 1422
à 1485 et de 1697 à 1814.*

Wurtemberg

La famille de Wurtemberg descend d'Emeric, maire du palais de Clovis ; encore peu importante au XIIe siècle, elle augmenta, dans les deux siècles suivants, surtout à partir de 1388, ses domaines qui, après plusieurs partages, furent définitivement réunis en 1496. En 1495, le Wurtemberg, qui jusqu'alors n'avait été que comté, fut élevé au rang de duché par l'empereur Maximilien. Ulric V introduisit la Réforme dans son pays, fut dépossédé en 1519, puis rétabli en 1534 par l'intervention protestante en dépit de la maison d'Autriche, et capitula avec les assemblées d'Etats. Par le traité de Presbourg (26 déc. 1805), Napoléon éleva au rang de roi le duc Frédéric et augmenta ses Etats.

La maison de Wurtemberg avait acquis par mariage en 1397 le Comté de Montbéliard (voir aux provinces françaises Franche-Comté) : elle en forma à diverses reprises des apanages pour des lignes cadettes de sa maison ; elle le réunit au duché en 1631, le perdit de 1676 à 1697 et définitivement en 1792.

Apogée du Wurtemberg : de 1806 à 1814.

14° AUTRICHE

L'Autriche (réunie à l'empire romain sous Tibère vers 33), fut à partir du V° siècle, tour à tour envahie par les Huns, les Ostrogoths, les Boïens, les Vandales, les Longobards, et enfin partagée entre les Bavarois et les Avares, jusqu'à l'époque où Charlemagne en chassa les Avares (799) et la joignit à ses Etats sous le nom d'*Osterreich, Austria ou Marche orientale.* En 928, l'empereur Henri Ier l'Oiseleur, voulant imposer une barrière aux incursions des Hongrois, érigea l'Autriche en un margraviat que confirma Otton Ier après sa grande victoire d'Augsbourg (955). En 976, l'empereur Otton II en investit Léopold de Babenberg (1), dont les descendants possédèrent d'abord cette province sous le nom de margraves ou marquis, puis de ducs indépendants à partir de 1156.

Après l'extinction de cette maison (1246), l'Autriche, qui possédait la Styrie (2) depuis 1192, passa entre les mains de l'empereur Frédéric II, puis dans celles d'Ottokar II, roi de Bohême (1253), et, après lui (1282), dans celles de Rodolphe de *Habsbourg* (3),

(1) Cette famille allemande remontait aux anciens rois franks. Au début du IX° siècle, le comte Henri de Babenberg, qui défendit les frontières de l'Empire contre les Tchèques et les Serbes, avait le titre de duc des Franks Orientaux (Franconie). (Voir Bavière, note 1).

(2) La *Styrie,* d'abord comprise dans la Carinthie (voir page 61, note 1), fut marche de Steyer en 1030, duché indépendant de la Bavière en 1180 et passa en 1192 dans les domaines des Babenberg, margraves d'Autriche (v. Bavière, note 1). Ottokar II, roi de Bohême, s'empara en 1253 de la Styrie et de l'Autriche, en 1270 de la Carniole et de la Carinthie ; mais, après sa défaite à la Marchfeld (1276), il dut rendre toutes ses conquêtes à son vainqueur et suzerain Rodolphe de Habsbourg.

(3) Les *Habsbourg,* maison allemande qui remonte à Ethico, duc d'Alsace au VII° siècle, possédait à la mort (1232) de Rodolphe II (fils d'Adalbert III, Ier landgrave d'Alsace) : en Suisse, Habsbourg (confluent de l'Aar et de la Reuss) et les comtés d'Argovie et de Thurgovie ; les alleux d'Alsace (Sundgau) donnés au fils aîné Albert IV, tige de la branche impériale ; Laufenbourg, Waldshut et Neu Habsbourg donnés à la branche cadette qui s'éteignit en 1415, laissant ses domaines à la branche aînée. Albert IV acquit par mariage le comté de Kybourg ; son fils Rodolphe IV, Bade et Lenzbourg, en Suisse. Il fut pris pour avoué (protecteur) par les cantons de Schwyz, d'Uri, d'Unterwalden et de Zurich ; il acheta Fribourg et enleva Berne aux princes de Savoie (voir Suisse et note) ; en Allemagne, il fut élu empereur en 1273 et enleva à son vassal le roi de Bohême (qui avait profité du grand interrègne pour se les approprier), l'Autriche, la Styrie, la Carniole et la

empereur d'Allemagne (1273-91). Ce dernier donna l'Autriche à son fils Albert (1282), dont les descendants l'ont conservée d'abord sous le titre de ducs, et, à partir de 1433, sous celui d'archiducs.

La maison de Habsbourg ou d'Autriche, qui avait fourni deux empereurs à l'Allemagne (Rodolphe Ier et son fils Albert Ier) vit cette dignité devenir héréditaire chez elle à partir de l'avènement (1438) d'Albert II, gendre de l'empereur Sigismond de Luxembourg, roi de Bohême et de Hongrie ; à cette époque, l'Autriche comprenait, outre les domaines héréditaires des Habsbourg (voir note 3, p. 60 et Suisse, note), la Bohême (à l'empire depuis 1310), la Hongrie (à l'empire depuis 1386), la Styrie, la Carinthie (1), le Tyrol et la Carniole (2) ; mais au XVe siècle, la Suisse s'était rendue indépendante. Le mariage de Maximilien, fils de l'empereur Frédéric III, avec Marie de Bourgogne, fille de Charles le Téméraire (1477) donna à la maison d'Autriche les Pays-Bas, la Franche-Comté et une grande partie de la Bourgogne (3). L'avènement de leur petit-fils Charles-Quint (1519) y joignit l'Espagne avec ses immenses possessions dans les deux mondes (voir à l'Espagne, tableau de l'ascendance et de l'empire de Charles-Quint).

Carinthie (1276) ; il conféra en 1282 l'Autriche et la Styrie à son propre fils Albert : c'est ainsi que *la maison d'Habsbourg devint maison d'Autriche* ; celle-ci possédait donc la Haute et Basse-Autriche depuis 1282, la Styrie depuis 1282 et s'agrandit définitivement de la Carinthie en 1336, du Tyrol et du Vorarlberg en 1359 et de la Carniole en 1364. Voir notre brochure : « *Les dynasties déchues* ».

(1) La *Carinthie*, que Charlemagne enleva aux Avares pour en faire un margraviat dépendant du duché de Frioul, eut pour premier duc en 880 Arnulph qui réunit son duché à la Bavière en 887 ; Otton II l'en sépara en 977. En 1058, la maison de Zaehringen, cousine des Habsbourg (voir Suisse, note) l'obtint avec la marche de Vérone ; elle passa ensuite aux maisons de Murzthal (1073), d'Ortenburg (1127), de Bohême (1269), de Gœrz (1282), aux comtes de Tyrol (1286), puis définitivement, en 1336, à la maison d'Autriche à qui la comtesse Marguerite donna aussi le Tyrol en 1359 (ou 1363).

(2) La *Carniole* faisait partie du duché de Frioul et du royaume d'Italie : Otton le Grand l'annexa à l'Allemagne et en fit une marche du duché de Carinthie. L'Autriche l'incorpora définitivement en 1364, après l'avoir partagée avec les maisons de Gœrz, de Méranie et de Carinthie.

(3) Ces importantes acquisitions, dues à des mariages, avaient donné lieu au distique suivant :

> Bella gerant alii ; tu, felix Austria, nube ;
> Nam quae Mars aliis, dat tibi regna Venus.

Par le partage de 1556 entre Charles-Quint et son frère l'archiduc Ferdinand, roi depuis 1526 de Hongrie et de Bohême (dont dépendaient la Moravie, la Silésie et la Lusace), les Pays-Bas, l'Italie (Milanais, Naples et Sicile) et la Franche-Comté restèrent sous la dépendance de l'Espagne ; Ferdinand conserva l'archiduché et toutes ses dépendances. En 1635, l'Autriche dut céder la Lusace et la Saxe. En 1648, elle perdit l'Alsace, mais en 1699 acquit l'Esclavonie, la Transylvanie et la Croatie (traité de Carlowitz). Par les traités d'Utrecht et de Rastadt (1713-14), l'Autriche reçut, comme part de la monarchie du roi d'Espagne Charles II, les Pays-Bas, le Milanais, la Toscane, Naples et la Sardaigne ; en 1718, elle échangea la Sardaigne contre la Sicile avec le roi de Piémont-Savoie, et obtenait (traité de Passarovitz) Belgrade, le Banat de Temesvar, une partie de la Serbie et de la Valachie. Par les traités de Vienne (1731, 38), elle dut céder à l'Espagne Naples et la Sicile, et au traité d'Aix-la-Chapelle (1748), Parme et Plaisance, acquis en 1735. Enfin le traité de Belgrade (1739) l'obligea à rendre aux Turcs la Serbie et la Valachie.

Néanmoins en 1740 elle possédait 600.000 km² (22 millions d'habitants) : l'archiduché d'Autriche, les quatre duchés de Styrie, Carinthie, Carniole et Frioul, le Tyrol et le Vorarlberg, le Brisgau, le comté de Falkenstein et autres annexes sur le Haut-Rhin et en Souabe, groupe exclusivement allemand ; le royaume de Bohême avec la Moravie et la Silésie ; les royaumes de Hongrie, d'Esclavonie et de Croatie et la principauté de Transylvanie ; en Italie, les duchés de Milan, de Mantoue, de Parme et de Plaisance et le grand-duché de Toscane ; enfin les Pays-Bas.

En 1740 (20 oct.), la branche masculine de la maison d'Autriche s'étant éteinte avec Charles VI, père de Marie-Thérèse, les Etats héréditaires échurent à cette princesse, qui fut la véritable créatrice de l'Autriche moderne (1740-65). Elle avait épousé en 1736 François de Lorraine qui fut reconnu empereur (voir Bavière) sous le nom de François Ier et devint le chef de la *maison d'Autriche-Lorraine*. L'Autriche eut alors à soutenir, malgré la Pragmatique sanction du 19 avril 1713, reconnue par l'Europe, les deux guerres de Succession et de Sept Ans (voir Prusse) qui lui firent perdre la Silésie (1478, 1763) — sauf la principauté de

Teschen et les sources de la Vistule et de l'Oder — ; elle se dédommagea lors des partages de la Pologne (1772 et 1795), en se faisant adjuger la Galicie, la Lodomérie et Cracovie (c'est-à-dire toute la Russie rouge) et en prenant la Bukovine aux Turcs (1776) ; mais l'attitude de la Prusse l'empêcha, à l'extinction de la ligne cadette des Wittelsbach (déc. 1777), de s'emparer de la Bavière.

En 1791, elle entra par le traité de Pillnitz dans la coalition contre la France qui lui déclara la guerre en 1792. Fréquemment battu, obligé de signer les traités désastreux de Campo-Formio (1796), de Lunéville (1801), de Presbourg (déc. 1805), l'empereur François II prit le titre d'empereur d'Autriche (1806) et renonça définitivement au titre d'empereur d'Allemagne. Il vit ses Etats encore diminués par le traité de Vienne (1809) ; cependant les événements de 1815 les lui rendirent, ainsi que l'Istrie et la Dalmatie (1), mais à l'exception du cercle de Bourgogne (voir aux provinces françaises), dont la perte fut compensée par les possessions de Lombardie et de Vénétie en Italie. Elle possédait ainsi 668.000 km² et 28 millions d'habitants. Elle était plus concentrée et plus forte qu'avant la Révolution, et débordait de l'Allemagne.

En 1848, éclata à Vienne une violente insurrection ; en même temps la Hongrie et les provinces italiennes s'insurgèrent ; mais l'Italie fut promptement soumise, malgré l'appui du roi de Piémont qui perdit la bataille de Novare (mai 1840), et la Hongrie fut, après une longue résistance, réduite avec l'aide de la Russie (1849). Une constitution fut octroyée en 1861, puis une nouvelle en 1865, qui établit une diète et un ministère hongrois et calma les esprits. En 1867, a été inaugurée la constitution dualiste qui assura l'autonomie respective de l'Autriche et de la Hongrie.

En 1859, l'empereur François-Joseph (1848-1916), menacé dans ses possessions italiennes par les Etats sardes, les envahit : repoussé par les Piémontais et les Français, il céda la Lombardie au traité de Villafranca. En 1866, il soutint contre la Prusse et

(1) La *Dalmatie* (ainsi que l'*Istrie* dont les destinées furent identiques) fut dominée par les Slaves depuis le VII° siècle, puis par la République de Venise de 1409 à 1797 et ne tomba qu'avec celle-ci dans le domaine des Habsbourg en 1797 et définitivement en 1815 (voir Italie).

l'Italie une guerre où il battit les Italiens sur terre à Custozza
(24 juin) et sur mer à Lizza (20 juillet) ; mais, vaincu par la
Prusse à Sadowa (3 juillet), il fut obligé de céder la Vénétie à
l'Italie par le traité de Prague (25 août) et vit l'Autriche exclue
de l'Allemagne (1), cédant à la Prusse le Schleswig-Holstein, le
Hanovre, la Hesse électorale, le Nassau et Francfort-sur-le-Mein,
soit 20 millions d'habitants.

En 1878, le traité de Berlin a concédé à l'Autriche l'administration de la Bosnie et de l'Herzégovine, qu'elle s'est annexées en
octobre 1908.

Pendant les guerres des Balkans (1912-14), l'Autriche, intimement liée à l'Allemagne depuis 1879, se vengea des défaites
turques et bulgares par la création du royaume d'Albanie et son
hostilité à l'égard du Montenegro et de la Serbie. L'assassinat de
l'archiduc héritier d'Autriche François-Ferdinand par des Serbes
à Serajevo (28 juin 1914) fut suivi de l'ultimatum blessant du
23 juillet et de la déclaration de guerre à la Serbie (28 juillet),
ce qui provoqua une guerre européenne (voir Allemagne). L'Autriche, constamment battue par les Russes, fut sauvée par les armées allemandes qui empêchèrent l'invasion de la Hongrie. Elle
contribua cependant à la conquête de la Serbie (oct. 1915), du
Montenegro (12 et 13 janv. 1916) et du Frioul (fin oct. 1917).
Charles VIII, qui succéda à son grand-oncle le 21 nov. 1916, fut
impuissant à empêcher la dislocation de son empire si disparate et
le réveil des nationalités : il signa un armistice avec ses adversaires
(3 nov. 1918) et abdiqua (12 nov.). Son vaste empire se désagrégea aussitôt et se divisa, suivant le vœu des populations, en république hongroise, république tchéco-slovaque (Bohême et Moravie, 14 nov.) ; mais, tandis que les Etats allemands d'Autriche
(anciens Etats héréditaires des Habsbourg) furent empêchés par
les Alliés vainqueurs de s'annexer à l'Allemagne, et la Transylvanie à la Roumanie à qui elle avait été promise (v. p. 34), la Galicie fut rendue à la Pologne ; d'autre part, les Slaves du Sud,
Croates et Slovènes se rattachèrent à la Serbie (1er déc.) qui
réunit en un seul royaume toutes les provinces yougo-slaves (Serbie,

(1) Dès 1848, la Prusse avait cherché à amoindrir l'Autriche en Allemagne. La politique de Bismark (question des duchés danois, guerre de 1870,
constitution de l'Empire) a éliminé les Habsbourg de l'Empire allemand.

Monténégro, Bosnie-Herzégovine, Dalmatie, Croatie, Slovénie).
Le traité de St-Germain (10 sept. 1919) consacra le démembrement de l'empire austro-hongrois (voir p. 68 et à l'Annexe, pages
132 et 133, l'importante note relative à la 10e proposition Wilson).

Apogée de l'Autriche : de 1282 à 1718
et de 1815 à 1859.

Hongrie

La Hongrie fut occupée au IIIe siècle par les Goths qui en
furent chassés en 376 par les Huns (dont le nom, joint à celui
d'Avares, forma celui de Hungarie). Après la mort d'Attila, roi
des Huns (453), les Ostrogoths, les Gépides et les Lombards se
disputèrent le territoire de la Hongrie. Les Avares finirent par
s'en rendre maîtres au VIIe siècle ; mais ils eurent à se défendre
contre les incursions des Slaves et des Bulgares. Charlemagne
ayant détruit la puissance des Avares (799), les *Magyars*, peuple
d'origine finnoise (1) (qui, au VIIe siècle, était venu s'établir entre
le Don et le Dniéper d'où il avait été expulsé par les Petchenègues), envahirent la Hongrie en 889, sous la conduite d'Almus.
Arpad, son fils, s'allia avec les empereurs d'Allemagne, soumit la
plupart des tribus qui occupaient alors la Hongrie, organisa tout
le pays et prit le titre de duc de Hongrie. Le christianisme pénétra
en Hongrie sous le duc Geysa (972-97). Son fils *Etienne Ier le
Saint* acheva la conversion des Hongrois ; il reçut en récompense
du pape Silvestre II le titre de *roi* (1000). Ce prince soumit complètement les Slaves et les Bulgares.

Après sa mort (1038), les Hongrois furent en proie à de vio-
lentes dissensions jusqu'au règne de Ladislas Ier (1077-95) qui sut
ramener la concorde parmi ses peuples ; il conquit la Croatie et la
Slavonie, auxquelles Codoman, son successeur, ajouta la Dalmatie.
Bela III épousa la sœur de Philippe-Auguste, roi de France, et
introduisit la civilisation grecque. André II, qui conduisit en
Terre Sainte la 5e croisade, laissa par faiblesse croître les privilèges des nobles auxquels il accorda la Grande Charte (1222).

(1) Les Finnois font, comme les Turcs et les Bulgares, partie de la race
jaune.

Sous Bela IV, son fils, les Mongols vinrent ravager la Hongrie (1241). Après lui, le pouvoir royal, affaibli par les discordes et par les guerres étrangères, fut réduit au plus déplorable état jusqu'au règne d'André III, avec qui finit la dynastie des Arpades (1301).

Les Hongrois élurent alors Wenceslas de Bohême, et après son abdication, Otton de Bavière qui abdiqua en 1307. Le pape Boniface VIII leur imposa alors Charles-Robert, dit *Chorobert*, comte d'Anjou, arrière-petit-fils d'Etienne V, et qui fut reconnu roi en 1308. Sous son règne, la Hongrie s'éleva à un haut degré de splendeur ; elle comprenait, outre la Hongrie propre, la Dalmatie, la Croatie, la Bosnie, la Serbie, la Valachie, la Transylvanie, la Moldavie et la Bulgarie. *Louis I*, son fils, y ajouta la Russie rouge et porta la couronne de Pologne (1370). Sa fille cadette (1) Marie lui succéda en 1382 et associa au trône son époux Sigismond, fils de l'empereur Charles IV et électeur de Brandebourg (1386). Leur règne (1386-1437) fut troublé par les révoltes des Magnats, l'hérésie de Jean Huss et les invasions des Ottomans qui remportèrent les victoires de Nicopolis (1396) et de Semendria (1412). Cependant c'est de cette époque troublée que datent la plupart des institutions définitives de la couronne de St-Etienne. A Sigismond, succéda son gendre Albert d'Autriche (l'empereur Albert II), puis la veuve de celui-ci Elisabeth (1439-1440), puis leur fils Ladislas le Posthume (I comme roi de Bohême, VI comme roi de Hongrie).

Les invasions turques devenaient très menaçantes quand parut Jean Hunyade, régent du royaume pendant la minorité de Ladislas ; il refoula les Turcs, qui néanmoins affermirent leur domination au sud du Danube, après la victoire de Varna (1444) et la prise de Constantinople (1453). Mais la Hongrie échappa à la domination étrangère, grâce à Jean Hunyade. Aussi les Hongrois reconnaissants proclamèrent-ils son fils Mathias Corvin roi après la mort de Ladislas VI (1457). Mathias assura la tranquillité publique et favorisa la culture des lettres. Ses successeurs

---

(1) Louis I avait succédé sur le trône de Pologne à son oncle Casimir III, le dernier des Piasts. Sa fille aînée Hedwige fut reine de Pologne (voir ce nom) et épousa le grand-duc de Lithuanie Jagellon (Ladislas V) ; et leur arrière petite-fille, Ferdinand I, le frère de Charles-Quint.

Ladislas II-VII (1490-1516) et Louis II, roi de Bohême et de Hongrie, ne purent arrêter les Turcs ; ce dernier fut tué à la bataille de Mohacz (1526), et une grande partie de la Hongrie tomba sous la suzeraineté des sultans.

Puis Ferdinand d'Autriche, frère de Charles-Quint et beau-frère de Louis II, et Jean Zapoli se disputèrent la possession du pays : Zapoli finit par être vaincu. Néanmoins la Hongrie ne reconnut la domination autrichienne qu'en 1570 sous Maximilien II et sous la condition de conserver une existence distincte : ce ne fut même qu'en 1687 que la couronne de Hongrie fut déclarée héréditaire dans la maison d'Autriche. Les empereurs n'eurent pas moins à combattre les révoltes successives de Béthlem-Gabor, de Tékeli et des Ragocski.

Pendant ces dissensions, les Turs avaient envahi la plus grande partie du pays : ils n'en furent définitivement chassés qu'en 1699 par le traité de Carlowitz du 21 janvier qui donnait à l'Autriche la Hongrie turque (moins Temesvar) et la Transylvanie, puis par les exploits du prince Eugène ; ceux-ci amenèrent la paix de Passarovitz (1718), par laquelle l'Autriche acquérait Belgrade et le Banat de Temesvar, une partie de la Serbie et de la Valachie.

Les Hongrois restèrent dès lors fidèles à la maison d'Autriche ; ils lui témoignèrent même un grand dévouement sous Marie-Thérèse qui leur dut son salut (1741) et plus tard dans les guerres contre la France (1792-1815). Mais après 1815, l'empereur tendit à restreindre les libertés publiques des Hongrois ; aussi en 1848 la Hongrie voulut recouvrer son indépendance et courut aux armes. Grâce aux efforts des généraux Blem, Klapka, Goergey et du président Kossuth, elle était sur le point de réussir, lorsque l'Autriche sollicita l'intervention de la Russie : écrasée par des forces supérieures, l'armée hongroise mit bas les armes (août 1849). La Hongrie vit alors abolir ses institutions nationales et réduire son territoire : elle ne fut plus qu'une province autrichienne. L'Autriche lui restitua en 1861 une partie de ses franchises, établit en 1865 une diète et un ministère hongrois et s'efforça de calmer les esprits. La défaite de Sadowa obligea en 1867 l'empereur François-Joseph à promulguer la constitution qui rétablit le royaume de Hongrie : il se composait des provinces transleithanes (Hongrie, Transylvanie, Croatie, Slavonie), possédait un gouvernement dis-

tinct et formait avec l'empire d'Autriche ou les provinces cisleitha-
nes la monarchie austro-hongroise. Après la guerre de 1914-18,
la Hongrie, réduite à la Magyarie (1), devint un Etat indépendant où domine le sentiment monarchique.

*Apogée de la Hongrie : de 1000 à 1240 et surtout
de 1308 à 1396.*

Bohême

La Bohême, occupée au VIIe siècle par les *Tchèques,* d'origine
slave (2), reconnut au Xe siècle la suzeraineté de l'empire germanique. Vers 950, Othon Ier en fit un duché qui s'annexa la Moravie en 1056. Henri IV donna en 1086 le titre de roi au duc
Wratislas II, de la dynastie des Przémysl (722-1306). Ottokar II réunit pour un temps (1253-76) l'Autriche et la Styrie.
Sous la maison de Luxembourg (1310-1437), la Bohême s'accrut
de la Silésie (1327-57) qu'elle perdit en 1740, de la Haute-
Lusace (1319), de la Basse-Lusace (1370) qui tous deux revin-
rent à l'électeur de Saxe en 1635 et connut les guerres religieuses
et civiles, à la suite du supplice de Jean Huss et de Jérôme de
Prague (1415). Puis elle passa, par mariage (v. ci-dessus), à
Albert d'Autriche (1437-39), dont le fils Ladislas Ier mourut en
1457 sans postérité. Elle se donna alors pour roi Georges
Podiebrad (beau-père de Mathias Corvin, roi de Hongrie), qui
eut comme successeurs (1471-1516) Ladislas II et Louis, de la
race des Jagellon de Pologne.

En 1526, Ferdinand Ier, beau-frère du dernier roi Louis et
frère de l'empereur Charles-Quint, fut élu roi, et avec lui com-

(1) Des anciennes provinces hongroises, la Transylvanie fut promise à la
Roumanie, la Slovaquie s'est rattachée à la Bohême, la Slavonie et la Croatie
à la Grande Serbie ; quant au banat de Temesvar, convoité par les Roumains et les Serbes, il fut réservé. La Hongrie, qui, avant la guerre, avait
325.000 km² et plus de 20 millions d'habitants, n'en aura plus que 77.000
et 8 millions.
(2) On distingue les Slaves du Nord (chrétiens) comprenant les Polonais
(sur les bords de la Vistule) et les Tchèques (en Bohême) et, au sud de la
Save, les Slaves du Sud (Yougo-Slaves ou Serbes) comprenant les Croates-
Dalmates, Serbes, Monténégrins (voir à l'appendice, l'importante note sur les
nationalités de l'Autriche-Hongrie).

mença définitivement la maison autrichienne de Bohême, élective jusqu'en 1547, et héréditaire jusqu'en 1918. Jusqu'à cette date, la Bohême ne cessa d'appartenir à l'Autriche, quoique portant encore le titre de royaume. Elle devint, après la guerre mondiale, le 26 oct. 1918, un Etat indépendant, accru de la Moravie, prise à l'Autriche et de la Slovaquie, prise à la Hongrie, sous le nom de Tchéco-Slovaquie, cap. Prague.

Apogée de la Bohême : de 1310 à 1526.

Quant à la *Moravie*, elle fut incorporée à la Bohême en 1056 et depuis 1086, date à laquelle elle fut érigée en margraviat, elle n'en fut plus détachée : en 1526 elle passa avec elle sous la domination de l'Autriche, et en 1918 constitua avec la Bohême l'Etat indépendant de Tchéco-Slovaquie.

15° POLOGNE

L'histoire de la Pologne commence vers 860 avec la *dynastie des Piasts*. St-Adalbert, venu de Bohême, introduisit alors le christianisme. En 992, l'empereur Otton III accorda aux comtes de Pologne le titre de rois. Ils acquirent la Poméranie et prêtèrent hommage aux empereurs. La Silésie se sépara en 1168 (elle fut réunie à la Bohême en 1327) et de nombreuses guerres civiles aux XIe et XIIe siècles vinrent compromettre l'existence du royaume. La Pologne se relevait de ses maux, quand l'invasion mongole (1241-87) lui fit subir des pertes incalculables ; mais elle prospéra sous Casimir III (1333-70), le dernier des Piasts.

Louis le Grand, son neveu, joignit à son avènement la Hongrie à la Pologne ; mais après lui, ses deux filles Hedwige et Marie se virent réduites à l'une des deux couronnes. Hedwige, à qui était échue la Pologne, amena la réunion de la Lithuanie et de la Pologne en épousant (1386) le grand-duc de Lithuanie Jagellon qui se convertit (voir Prusse, note page 51) et prit le nom de Vladislas V (1386-1434). Cette réunion, qui ne fut consommée qu'en 1444, doublait le territoire du royaume.

La période des *Jagellons* (1386-1572) fut, avec les 80 années qui la précédèrent (sous Lech VI, Casimir III et Louis), la plus belle époque de la Pologne. Cette nation donna alors des rois à la Bohême et à la Hongrie, réunit à la couronne d'anciens grands fiefs, acquit la moitié de la Prusse (occidentale ou royale) avec suzeraineté sur la Prusse orientale ou ducale, plus la Livonie (1560) qui lui fut assurée par la paix de Kieverova-Horka conclue avec le csar Ivan IV ; en outre elle établit sa suzeraineté sur la Courlande (1561). Enfin elle résistait victorieusement aux Turcs, devenus ses voisins depuis la chute de l'empire grec (1453)

Malheureusement la féodalité acquérait de plus en plus de force : après l'extinction des Jagellons dans les mâles (1572), la royauté fut déclarée *élective*. Le duc d'Anjou (depuis Henri III, roi de France) fut le premier élu (1573) ; mais à chaque élection de nouvelles restrictions affaiblissaient de plus en plus le pouvoir (comme en Allemagne). Les querelles religieuses, suscitées par la naissance du Protestantisme, hâtèrent encore la décadence de la

Pologne. Son dernier acte de puissance fut la prise de Moscou (1611) et les traités de Déoulino (1618) et de Viazma (1634), par lesquels la Russie abandonnait la Livonie et les provinces récemment conquises de Smolensk, Tchernigov et Novgorod-Séversk.

Dès lors la Pologne commença à décroître ; elle fut dépouillée en 1657 de sa suzeraineté sur la Prusse orientale, perdit la Livonie en 1660 par le traité d'Oliva ; Smolensk, l'Ukraine occidentale et la Sévérie en 1667 par le traité d'Androussovo. Elle brilla d'un éclat momentané sous Sobieski qui délivra Vienne assiégé par les Turcs (1683) et leur reprit plusieurs provinces ; mais les fautes croissantes de la noblesse et du Sénat empêchèrent l'Etat d'y rien gagner, et le traité de Moscou (1686) lui enleva la Podolie et Kiev. Pendant la grande guerre du Nord (1700-21), l'invasion de Charles XII, roi de Suède, la lutte entre les deux compétiteurs au trône : l'électeur de Saxe Auguste que soutenait le csar Pierre le Grand et Stanislas Leczinski, protégé par Charles XII, achevèrent la ruine de la Pologne. Enfin, à la faveur des discordes entre les catholiques et les Dissidents, les Russes occupèrent la Pologne, et Catherine II fit violemment proclamer roi Stanislas Poviatowski, son ancien favori (1764).

Il se forma alors contre la Russie la Confédération de Bar (1768). Louis XV et la Porte prêtèrent leur appui aux confédérés, mais la chute de Choiseul en France et les succès des Russes contre les Turcs rendirent vain l'héroïsme des patriotes, et le premier démembrement de la Pologne fut décidé. Il eut lieu en 1772: la Galicie orientale fut donnée à l'Autriche ; toutes les anciennes conquêtes des Lithuaniens sur les Russes (Russie blanche, Russie noire, Livonie polonaise) furent attribuées à la Russie à titre de restitution ; la Prusse royale et ses annexes devinrent le lot de la maison de Hohenzollern. Ce qui restait porta encore le titre de royaume de Pologne, mais ne fut plus de fait qu'une province russe.

• En 1790, pendant la guerre des Suédois et des Turcs contre la Russie, les patriotes polonais opérèrent une révolution : d'accord avec l'empereur Léopold II, ils promulguèrent en 1791 une constitution sage qui créait deux chambres législatives, conférait des droits à la bourgeoisie et aux paysans et promettait à titre héréditaire la couronne de Pologne à la maison de Saxe. Mais la Russie suscita la confédération de Targowice (1792), composée de mécontents polonais qui prirent les armes. A la faveur de ces dissensions, un deuxième partage eut lieu en 1793 entre la Russie et la Prusse : la Russie y gagna les voïvodies de Kiev, Bratzlaw, Podolie, Volhynie, Novogrodek et Minsk ; la Prusse, Dantzig, Thorn et la Grande-Pologne.

Un nouvel effort des Polonais en 1794 amena une troisième lutte plus inégale encore, dans laquelle Kosciusko fit en vain des prodiges de valeur, et un troisième et dernier partage s'effectua en 1795 entre l'Autriche, la Russie et la Prusse. La Russie s'incorpora toute la Lithuanie et la Courlande ; l'Autriche eut Cracovie et tout le pays entre la Pilica, la Vistule et le Bug ; la Prusse eut le reste : Bialystock, Plock, Varsovie, le Niémen et une partie du Bug. La Pologne demeura anéantie pendant douze ans.

Par le traité de Tilsitt (1807), Napoléon créa le grand-duché de Varsovie qui comprenait les deux cinquièmes de l'ancien royaume de Pologne (dont la Prusse polonaise) et le donna au roi de Saxe Frédéric-Auguste : aussi les Polonais, espérant toujours le rétablissement de leur nationalité, se montrèrent-ils dévoués à Napoléon. Quand celui-ci fut tombé, le congrès de Vienne (1815) coupa en deux le grand-duché de Varsovie : la partie occidentale (Dantzig, Thorn, Culm, Posen, etc.) fut rendue à la Prusse qui en fit le grand-duché de Posen ; la partie orientale, beaucoup plus considérable, fut remise à la Russie, qui en forma une annexe de son empire sous le nom de royaume de Pologne. Cracovie seule forma une république indépendante, mais l'Autriche s'en empara en 1846 et l'incorpora à la Galicie.

Le nouveau royaume de Pologne (127.000 km², 8 millions d'hab.) avait pour bornes, à l'est les provinces lithuaniennes de la Russie occidentale ; au nord la province prussienne de Prusse ; à l'ouest la Silésie prussienne, au sud la Galicie ; la capitale était Varsovie. D'après les traités de 1815, ce royaume, tout en étant annexé à l'empire russe, devait conserver sa nationalité ; il reçut, en effet, une constitution du csar Alexandre Ier ; il eut sa diète, qui votait l'impôt et discutait les lois et fut gouverné par un vice-roi (Constantin, frère du csar). La Pologne jouit de quelque repos de 1815 à 1830 ; mais elle se souleva en 1830, alléguant l'inexécution des traités qui avaient garanti sa liberté. Pendant dix mois (nov. 1830-sept. 1831), la Pologne lutta héroïquement contre des forces décuples : vaincue à nouveau, elle fut décimée, perdit sa constitution et ses privilèges et vit appesantir son joug (statuts de 1832 et 1835).

Alexandre II lui rendit l'usage de sa langue et une certaine autonomie ; mais en décembre 1862, une nouvelle insurrection éclata et les Polonais, abandonnés de l'Europe et vaincus, virent aggraver leur sort. Au point de vue matériel, la prospérité générale s'est accrue, grâce à l'industrie (mines de charbon). Mais l'œuvre de russification n'a pas abouti, et la nation est restée plus polonaise que jamais.

Au début de la grande guerre de 1914, la Russie s'empara de la Galicie ou Pologne autrichienne ; puis les Allemands conquirent (mai-septembre 1915) toute la Pologne (prise de Varsovie, 5-6 août) sur les Russes. Le 5 novembre 1916, l'Allemagne et l'Autriche firent de la Pologne (russe) un Etat soi-disant indépendant. Mais les traités de 1919, imposés par les Alliés vainqueurs aux Empires Centraux, reconstituèrent dans sa plus grande partie l'ancienne Pologne, accrue de la Galicie, de la Posnanie et d'une partie de la Prusse orientale (qu'elle avait possédée jusqu'en 1657), mais Dantzig restait un port libre. Il est à craindre que de graves complications surgissent entre l'Allemagne et la Pologne, ce dernier pays la séparant de la Russie que convoitent les Germains.

Apogée de la Pologne : de 1350 à 1650,
surtout sous les Jagellon (1386-1572).

16° RUSSIE

Au III° siècle, les Goths soumirent toutes les peuplades comprises entre la Baltique et la mer Noire et formèrent entre le Niémen, le Dniéper, le Volga et le Don un vaste empire comprenant toute la Russie d'Europe ; il fut renversé en 376 par les Huns. Puis apparurent les Slaves qui, au VI° siècle, fondèrent Novgorod et Kiev, « la mère des villes russes ». En 862, *Rurik* fonda un Etat durable qui s'éleva à une grande puissance sous Vladimir le Grand, introducteur du christianisme (988), et sous Iaroslav (1019-54), le premier législateur russe. Mais le pays demeura dans un état de morcellement complet. Toutes les principautés, dont Moscou fondé en 1147, avaient chacune un prince du rang de Rurik et une capitale. A la fin du XII° siècle, Bogolubsky prit Kiev et transporta la capitale à Vladimir.

Cependant les invasions des peuples de l'Orient continuaient. Les Mongols, conduits par Batou-Khan, petit-fils de Gengis-Khan, apparus en 1223, franchirent le Volga en 1235, conquirent une partie de la Russie méridionale et y fondèrent la Horde d'or. Ils prirent successivement Kiev (1240), la Podolie, la Volhynie, la Galicie orientale et dominèrent sur la principauté de Vladimir et le nord de la Russie, mais au XIV° siècle, les Lithuaniens conquirent les provinces de l'Est ; il se forma en 1386 un Etat lithuanien-polonais russe. De 1240 à 1349, les princes de Vladimir, depuis 1339 princes de Moscou, réussirent, par leur soumission à la Horde d'or, à avoir la suprématie en Russie : les Khans les chargèrent de lever à forfait le tribut sur les habitants. *Les princes de Moscou furent ainsi les rassembleurs de la terre russe*, travaillant à l'unité de la Russie et à l'établissement de l'autocratie avec l'ordre de succession du père au fils. L'un d'eux, *Ivan III* (1462-1505), affranchit la Moscovie de la domination des Tatares de la Horde d'or (1481), soumit Novgorod, Pskov et la Biarmie et ajouta à la Moscovie la principauté de Séverie et la partie occidentale de la Sibérie. Ses successeurs Vassili IV (1505-33) et Ivan IV le Terrible (1533-84) — qui prit le nom de czar de Russie — firent la guerre à la Pologne, aux chevaliers de l'ordre teutonique (voir Prusse), à la Suède ; prirent Smolensk, Kazan (1552), Astrakhan (1554-57) et la plus grande partie de la

Sibérie ; ils soumirent les Kosaks du Don, mais ils échouèrent en Livonie.

En 1598, à l'extinction de la dynastie de Rurik, Boris Godounov devint csar ; il conquit la Sibérie orientale et soumit la Géorgie ; mais une période de troubles commence, et la Russie, que se disputent Polonais et Suédois, semble à la veille de périr. L'élection de Michel *Romanov* (1) (1613) met un terme à tant de maux. Avec lui et ses successeurs Michel Feodowitchi qui porta à l'Oural la limite de l'empire et Alexis (1645-76) qui introduisit la culture européenne, la Russie se relève peu à peu : la Séverie, enlevée par les Polonais, est reconquise ; l'Ukraine, depuis le XIVe siècle réunie à la Lithuanie sous la domination de la Pologne, se met sous la protection de la Russie. *Pierre le Grand* (1682-1725), le plus grand souverain de la Russie, poursuit cette œuvre d'agrandissement et en même temps entreprend de grandes réformes. En conquérant la Livonie, l'Esthonie, l'Ingrie, la Carélie suédoise et Vybord, Azov, Bakou, l'Astrabad, etc., il étend son empire jusqu'à la Baltique, à la Caspienne et à la Mer noire, fonde St-Pétersbourg (1703), voit décliner la Pologne, brise la puissance de la Suède et se mêle à la politique générale de l'Europe. A l'intérieur, il détruit la possibilité d'un conflit entre le pouvoir temporel et l'Eglise par la suppression du patriarcat, remplacé par un synode d'évêques auquel ressortissent toutes les affaires ecclésiastiques. C'est de Pierre le Grand (depuis 1700) que data l'extension de la puissance russe en Asie centrale.

Anna Ivanovna (1730-40) conquiert les rives du Dniepr et commence à soumettre les Kirghises, qui ne furent réduits que vers 1810. Elisabeth Petrowna (1741-62) enlève aux Suédois la Finlande méridionale et la Prusse orientale, bientôt restituée. Sous ses successeurs immédiats qui, depuis 1762, appartiennent à la maison de *Holstein-Gottorp* alliée à celle des Romanov, la prospérité de la Russie s'arrête ; mais sous *Catherine II* (1762-96), la grande conquérante, cet Etat atteint une extension et une puissance nouvelles : Elle conquiert l'estuaire du Dniepr (1775), Azov, Kinbourn (traité de Kainardji, 1774), la Crimée et le Kouban (traité de Constantinople, 1784), Otchakov et le littoral

____

(1) Pour l'histoire règne par règne des Romanov et des Holstein-Gottorp, voir notre brochure : « *Les dynasties déchues* » (1920).

entre le Bug et le Dniestr (traité de Jassy, 1792), c'est-à-dire les bords de la mer Noire entre le Dniestr et le Kouban, annexe définitivement l'Ukraine, ainsi que la moitié de la Pologne : Russie blanche, Petite-Russie, Lithuanie et Courlande aux partages de 1772-93-95. Paul Ier, fils de Catherine, entre dans la coalition contre la France (Souvarov) en Suisse, 1799. Sous Alexandre Ier (1801-25), malgré une lutte continuelle avec la France (interrompue seulement par la paix de Tilsitt (1807), malgré l'expédition de 1812, la Russie se grossit de la Finlande (1809), de la Botnie orientale, de la Bessarabie, de la Géorgie et s'empare des deux tiers de la Grande-Pologne dont elle forme le royaume de Pologne. A cette époque (1815), la Russie, à la tête de la Sainte-Alliance, était la puissance prépondérante en Europe.

Nicolas Ier, frère d'Alexandre (1825-55) ajoute à ses Etats la plus grande partie de l'Arménie, enlevée au roi de Perse ; Akhaltsikh et les bouches du Danube enlevées à la Turquie ; l'intervention de l'Europe l'empêche de marcher sur Constantinople ; mais il réussit à affaiblir considérablement l'empire turc en aidant à l'indépendance de la Grèce (1820-27) et en affranchissant la Serbie, la Moldavie et la Valachie, placées sous sa protection ; il met la Turquie à sa merci par le traité d'Unkiar-Skelessi (1833) et incorpore à la Russie la Pologne après le soulèvement de 1830. Ainsi, maître partout, Nicolas n'avait qu'à consolider ses conquêtes, lorsqu'en 1853, en voulant s'imposer comme protecteur des fidèles de l'Eglise grecque dans les provinces turques, il fit naître une nouvelle guerre avec la Turquie, causant une guerre européenne : il détruisit la flotte turque à Sinope (1853) ; mais, ayant à combattre à la fois la Turquie, la France et l'Angleterre, il fut vaincu sur l'Alma (1854) et à Sébastopol (1855) et la Russie dut, au traité de Paris (30 mars 1856), abandonner Kars et les bouches du Danube.

Alexandre II (1855-81) s'appliqua à réparer les maux de la guerre Il prononça l'émancipation des serfs (19 fév. 1861) et entreprit la réorganisation de l'instruction publique. Il écrasa les Polonais, soulevés en 1863, et obtint, à la Conférence de Londres (1870), la suppression des articles de la paix de Paris limitant les forces navales russes de la mer Noire. En 1877, il engagea une guerre contre les Turcs pour défendre les peuples slaves révoltés de la péninsule des Balkans : les Russes arrivèrent aux portes de Constantinople et la Turquie, vaincue, dut accepter le traité de Berlin (1878) qui rendait à la Russie la partie de la Bessarabie enlevée en 1856 ainsi que Batoum et Kars. Alexandre conquit encore la rive gauche de l'Amour et l'Oussouri (1858-60), le Caucase (1859), le Turkestan (1860), Samarkand (1868), Khokand (1870), Khiva (1873), avant de périr victime d'un attentat nihiliste.

Alexandre III (1881-94) se rapprocha de la France avec laquelle s'allia son fils Nicolas II (1894). Ce csar, quoique promoteur de la Conférence de la Haye (1899), eut à soutenir contre le Japon une guerre où il fut battu sur terre et sur mer (1904-5). Par le manifeste du 30 oct. 1905, il donna une constitution (Douma) à son peuple et triompha d'une première révolution (1906-11). Dans la guerre de 1904-18, où il soutint la Serbie, menacée par l'Autriche, il battit les Autrichiens, mais perdit la Pologne, conquise par l'Allemagne (mai-sept. 1915). Mal conseillé, trahi par ses ministres, il ne put venir à bout des troubles intérieurs et dut abdiquer (15 mars 1917) ; arrêté et emprisonné, il fut, ainsi que son fils et toute sa famille, odieusement maltraité puis lâchement assassiné le 16 juillet 1918 par les révolutionnaires, hantés par le crime du 21 janvier 1793.

Un gouvernement provisoire, d'opinion modérée, se forma sous la présidence du prince Lvof (15 mars-21 juillet) auquel succéda Kerensky qui se proclama dictateur (21 juillet-7 nov. 1917). Une nouvelle révolution donna le pouvoir aux terroristes, dits bolcheviks, dont les chefs, Lénine et Trotski, agents de l'Allemagne, signèrent un armistice (15 déc.), puis le honteux traité de Brest-Litowsk (3 mars 1918) — annulé par l'armistice du 11 nov. 1918 — qui trahissaient l'alliance avec la France, les engagements pris et les intérêts de la Russie (voir Allemagne) ; ils n'ont, depuis, cessé d'exercer une tyrannie odieuse et barbare.

La Russie, en pleine anarchie, se désagrégea dès fin novembre 1917 : il se forma les républiques indépendantes de Sibérie, de Finlande, d'Ukraine, de Lithuanie, Esthonie, Lettonie, de Géorgie, etc., qui semblent devoir être un jour une proie facile pour l'Allemagne, à moins d'un ressaisissement de la race slave.

Apogée de la Russie : de 1613 à 1853 et de 1860 à 1900.

17° TURQUIE

Les Turcs Ottomans ou Osmanlis, qui ne sont qu'une branche de la famille turque (1), tirent leur nom d'un de leurs chefs ou émirs, Osman, fils d'Ortogrul ; le père de celui-ci, Soliman, Khan Oghouze, avait été refoulé en Arménie par les hordes de Gengis-Khan. Ortogrul s'établit dans la région d'Erzeroum au XIII° siècle, prit aux Grecs Karadja-Hissar et reçut Dorylée des Seldjoukides.

Osman battit les Grecs à Nicomédie (1301), profita de la ruine des Seldjoukides pour s'étendre et franchit les Dardanelles (1307). Orkhan (1328-60), prit Brousse, Nicée, Chio et Gallipoli ; Mourad Ier, Andrinople et le bassin de la Maritza (1359). *Bayezid (Bajazet) Ier* (1389-1403) battit les Slaves à Kossovo (1389), franchit le Danube et triompha à Nicopolis (1396) de la noblesse française commandée par le duc de Bourgogne Jean de Nevers (sans Peur) et Jean d'Artois, connétable de France, et des Hongrois (Sigismond). L'invasion de Timour-leng (le Mongol Tamerlan) et le désastre d'Angora (1402) n'affaiblirent que momentanément l'empire turc. Mourad II assiégea Constantinople (1422) et battit à Varna (1444) Ladislas VI, roi de Pologne (fils d'Hedwige et de Jagellon) et à Kossovo (1448) les Hongrois, Bohèmes, Allemands et Valaques conduits par J. Hunyade.

Mohammed (Mahomet) II (1451-81) mit fin à l'empire grec en s'emparant de Constantinople (1453) dont il fit la capitale de son empire, conquit la Valachie (1462), la Bosnie (1463) et menaça l'Italie. Bayezid II occupa la Bessarabie (1484), la Croatie

(1) Originaires de l'Altaï, les *Turcs*, auxquels se rattachent les Tatars, les Turcomans, les Ouzbeks, les Finnois et les Hongrois, se fixèrent de bonne heure dans le Turkestan et au nord de l'Iran où ils luttèrent contre les Aryens agriculteurs et formèrent trois groupes principaux : les *Oghouzes*, les *Seldjoukides* et les *Ottomans*. Les Oghouzes, convertis à l'Islam au X° siècle, dominèrent Kaschgar et Boukhara en 999 et se fondirent en 1047 dans les Seldjoukides. L'empire seldjoukide s'étendait au XI° siècle de la Caspienne à la Méditerranée et de la Kaschgarie au Yemen (Ispahan, Hérat, Bagdad, Mossoul, etc.) ; après les croisades et les invasions mongoles, il se décomposa en une dizaine de petits Etats, en Asie-Mineure, qui disparurent au XIV° siècle.

(1486) et prit aux Vénitiens Lépante, Coron et Modon (1499).
*Sélim I*er (1512-20), vainqueur des Mameluks à Alep (1517),
à Gaza (1518) et au Caire, reçut du soudan d'Egypte, dernier
héritier des califes (voir Espagne, note 1) le titre d'iman et l'étendard du Prophète. Il conquit l'Arabie et la Mecque (1518-19).
Le sultanat fut désormais un grand pouvoir religieux et militaire.

La prise de Belgrade (1521), la conquête de la Hongrie
(Mohacz, 1526), la lutte contre Charles-Quint et l'alliance avec
la France ; la prise de Rhodes (1522), de Tunis, de Tripoli et
d'Alger, marquèrent le règne de *Soliman le Grand* (1520-66).
Sélim II prit Chypre (1570) ; mais la victoire navale remportée
par don Juan d'Autriche à Lépante (1571) arrêta ces succès. Le
sultanat s'affaiblit dans des intrigues de palais.

En 1656, la Turquie se réveilla avec le premier des Kiuperli
qui lutta contre Venise et proclama Michel Apaffi, prince de
Transylvanie. L'intervention de la France au St-Gothard (1664)
et à Candie (1669) n'arrêta pas les Turcs. Ils envahirent la Pologne, défendue par Jean Sobieski (le roi Jean III), formèrent avec
le Hongrois Tekeli une vaste coalition contre l'empereur Léopold
et assiégèrent Vienne que sauva Sobieski (1683). Mais, battus à
Navarin (1687), à Slankemen (1691) où fut tué le dernier des
Kiuperli, à Zeuta (1697) et à Azov, ils durent signer le traité de
Carlowitz (1699), laissant à l'Autriche la Transylvanie, à la
Pologne Kaminiec, à la Russie Azov et à Venise ses possessions
de l'Archipel.

La guerre contre la Russie, marquée par la prise de Pierre le
Grand sur le Pruth (1711) et la restitution d'Azov, ne fut qu'un
avantage passager. Battus à Peterwardein (1716) et à Belgrade
(1717), les Turcs, par le traité de Passarowitz (1718), rendirent à l'Autriche Belgrade et Temesvar. Mais en 1739, après une
guerre heureuse contre les Austro-Russes, ils reprirent Belgrade et
fixèrent leur frontière sur la Save (paix de Belgrade).

A l'instigation de la France, ils reprirent les armes contre la
Russie, furent battus à Choczim (1769), à Bender et Tchesmé
(1770) et signèrent le traité de Kainardji (1774) qui reconnaissant l'indépendance des Petits-Tatars, ouvrait au commerce russe
les mers de l'empire ottoman et acceptait le protectorat moscovite
sur les chrétiens moldo-valaques. Après l'annexion de la Crimée

à la Russie (1783-5), les Turcs perdirent, par la paix de Jassy (1792), Okchakov et le pays entre le Bug et le Dniester.

Au début du XIX⁰ siècle, la politique de Napoléon I⁰ʳ et l'ambition des Russes menacèrent moins la Turquie que le *réveil des nationalités*. La Serbie s'insurgea (1800) avec Georges Czerni et Milosch Obrenovitch, l'Egypte avec Méhemet-Ali (1805-11), Tunis avec Hamoudah (1811), enfin la Grèce (1820-29). Après le traité de Londres qui unissait l'Angleterre, la France et la Russie, la défaite de Navarin (1827), les victoires de Diebietch sur le Danube et de Paskievich en Arménie, la Turquie signa le traité d'Andrinople (1829), déclarant la Grèce indépendante, la Serbie vassale, la Moldavie et la Valachie gouvernées par des hospodars chrétiens.

La Porte fut encore affaiblie par la perte de l'Algérie, conquise par la France (1830) et par la révolte de Méhemet-Ali qui, soutenu par les sympathies de la France, conquit la Syrie et battit les Turcs à Konieh (1832). La Turquie dut céder la Syrie à Méhemet (traité de Kutaich) et signa avec la Russie le traité d'Unkiar-Skelessi (1833), qui ouvrait le Bosphore aux Russes et fermait les Dardanelles aux autres puissances. Cependant Méhemet-Ali, poursuivant ses succès, remporta la victoire de Nezib (1833) ; mais l'intervention des puissances européennes, sauf la France exclue au traité de Londres (15 juillet 1840), arrêta sa marche : la Porte recouvrait la Syrie, reconnaissait à la famille de Méhemet la possession héréditaire de l'Egypte sous la suzeraineté du sultan, et, par le traité des Détroits (1841), fermait les Dardanelles à tout vaisseau de guerre.

En 1853, une nouvelle agression de la Russie vint encore compromettre son existence : elle fut sauvée cette fois par les armes réunies de la France et de l'Angleterre ; à la suite de la guerre de Crimée, le traité de Paris du 30 mars 1856 assura son indépendance. Mais en 1867 la Crète se souleva ; en 1875 l'Herzégovine et la Bosnie s'insurgèrent, puis le Montenegro et la Serbie soutenus par les Russes (1876) ; les Serbes furent écrasés.

A l'intérieur, le désordre était extrême : Abdul-Aziz fut renversé par une insurrection. Son successeur Mourad V devenu fou, fut détrôné et remplacé par son frère Abdul-Hamid, sous lequel le grand-vizir Midhat pacha fit proclamer une constitution libérale (23 déc. 1876).

Un soulèvement de la Bulgarie, énergiquement réprimé, amena une guerre avec la Russie. Malgré leur héroïsme (Plevna, Chipka), les Turcs furent battus (1877) et durent subir les préliminaires de San-Stephano, modifiés par l'important traité de Berlin (1878) : la Roumanie, la Serbie et le Montenegro devinrent indépendants ; la Bulgarie fut déclarée principauté tributaire, la Roumélie orientale province autonome. Les Russes reçurent en Asie Kars et Batoum et, en Europe, prirent la Bessarabie roumaine, en échange de la Dobroudja, cédée par la Turquie à la Roumanie. L'Autriche occupa militairement la Bosnie et l'Herzégovine, qu'elle s'est annexées en octobre 1908, et l'Angleterre, Chypre. Enfin la conférence de Berlin (1880) permit à la Grèce d'occuper Larissa, Mezzovo et Janina.

En 1897, à la suite d'une nouvelle guerre avec la Grèce, la Turquie, quoique victorieuse, dut reconnaître l'indépendance de la Crète, qui s'était soulevée à la faveur de l'indignation causée en Europe par le massacre des chrétiens en Arménie.

Le 23 juillet 1908, Abdul-Hamid accorda à ses sujets un parlement qui, aidé par le parti jeune turc très favorable à l'Allemagne, le renversa le 27 avril 1909. Son successeur Mohamed V se vit ravir la Tripolitaine par l'Italie en 1911-12 et subit, du 1er octobre 1912 au 14 mars 1914 deux guerres désastreuses avec ses voisins : Bulgares, Serbes, Grecs et Monténégrins : mettant à profit une dissension survenue entre les alliés, il reprit toutefois le 22 juillet 1913 Andrinople dont les Serbes et les Bulgares s'étaient emparés le 26 mars. Les traités de Bucarest signé le 10 août 1913 entre la Bulgarie, la Roumanie, la Grèce, la Serbie et le Monténégro et de Constantinople conclu le 29 septembre 1913 entre la Turquie et la Bulgarie — traités confirmés le 13 novembre 1913 avec la Grèce et le 14 mars 1914 avec la Serbie — diminuèrent considérablement la Turquie au profit de ses adversaires : elle ne possédait plus désormais en Europe qu'un petit territoire à l'est de la Maritza.

Le 12 novembre 1914, la Turquie, dont des officiers prussiens avaient réorganisé l'armée en 1913 et où l'influence allemande était prépondérante, se rangea, dans la guerre mondiale, aux côtés de l'Allemagne, de l'Autriche et de la Bulgarie. Deux expéditions franco-anglaises dirigées vers Constantinople, la 1re par mer

(25 févr.-18 mars 1915), la 2ᵉ dans la presqu'île de Gallipoli (25 avril 1915-9 janv. 1916) échouèrent l'une et l'autre. En Arménie, les Turcs perdirent Erzeroum (16 févr. 1916) et Trébizonde (18 avril), mais profitèrent de l'anarchie russe pour reprendre ces deux villes (24 févr. et 12 mars 1918). En Mésopotamie, l'armée anglo-indienne occupa Bassorah (nov. 1914) et Ctésiphon (nov. 1915), mais dut capituler (28 nov. 1916) à Kut-el-Amara qui fut réoccupé le 26 févr. 1917 ; cette victoire, complétée par la prise de Bagdad (11 mars) fut suivie de la conquête anglaise de la Palestine et de la Syrie (prise de Jérusalem, 10 déc. 1917, de Damas, 1ᵉʳ oct. 1918, d'Alep, 25 oct.), tandis que les Français occupaient Beyrouth (7 oct.). Le 30 octobre, la Turquie signait l'armistice avec les alliés et le 25 novembre les flottes anglaise et française faisaient leur entrée à Constantinople. Il est possible que les Turcs qui ont cru, au cours de la guerre mondiale, devoir lier leur sort à celui de l'Allemagne, et furent entraînés par elle dans la débâcle, soient obligés de céder aux Grecs les îles et les côtes de l'Asie-Mineure et de reconnaître l'indépendance de l'Arménie.

Apogée de la Turquie : de 1380 à 1683, ou mieux de 1300 à 1570 et de 1656 à 1633.

18° ROUMANIE

Jusqu'en 1866 ou mieux 1878, l'histoire de la Roumanie est celle de la Moldavie et de la Valachie.

La *Moldavie* fut occupée par les Goths, les Huns, les Avares, puis, du IXe au XIIIe siècle, par les Petchenègues, les Cumans et les Mongols. Bogdan fonda, avec les Valaques et les Polonais, vers 1290 ou 1352, un Etat qui, en 1433, se reconnut vassal de la Pologne et que le sultan Selim Ier conquit en 1513.

Le traité de Yassy (1792) donna à la Russie sur la Moldavie un droit de protection qui fut confirmé par le traité d'Andrinople (1829) ; elle se fit céder en 1812 la Bessarabie qui fut restituée aux Moldaves après la guerre de Crimée. Le traité de Paris (1856) laissa la Moldavie sous la suzeraineté du sultan.

La *Valachie*, occupée successivement par les Huns, les Avares, les Bulgares, les Petchenègues, les Outses, forma à partir de 1241 un royaume particulier qui fut tantôt à la Moldavie ou vassal de la Hongrie, tantôt indépendant. Mahomet II s'annexa la Valachie en 1462, mais en lui laissant ses lois ; la dépendance fut peu complète au XVIe siècle. Quoique depuis 1707 la Russie convoitât ce pays et y prît une grande influence, le traité de Passorovitz (1718) le céda à l'Autriche, mais celui de Belgrade (1739) le rendit aux Turcs.

En 1829, le traité d'Andrinople plaça la Valachie sous la protection de la Russie ; le traité de Paris (1856) le mit sous la protection collective des grandes puissances.

En 1859, la Valachie s'unit administrativement avec la Moldavie sous le nom de *Roumanie*, qui fut principauté en 1866 et royaume en 1881 (Charles de Hohenzollern).

La Roumanie prit parti pour la Russie contre la Turquie dans la guerre de 1877 ; elle contribua à la prise de Plevna et à l'affranchissement de la Bulgarie. Néanmoins, au congrès de Berlin (1878), elle dut échanger la Bessarabie (que le congrès de Paris de 1856 avait donné à la Moldavie) contre la Dobroudja. Son indépendance fut reconnue par l'Europe.

Poussée par la Russie, quoique non soutenue par elle, la Roumanie déclara la guerre à l'Autriche le 27 août 1916, et de sept. 1916 à janv. 1917 elle fut entièrement conquise par les Austro-Allemands de Mackensen (prise de Bucarest, 5 déc.) et ne put être secourue par les alliés ; le 8 mai 1918, elle dut signer avec ses adversaires le traité de Bucarest (annulé par une clause de l'armistice du 11 novembre) par lequel elle abandonnait à l'Allemagne ses riches mines de pétrole, à l'Autriche les Karpathes et à la Bulgarie la Dobroudja. Aux traités de 1919, elle recouvrit son indépendance, mais ne reçut pas de la Hongrie la Transylvanie (1) sur laquelle la communauté de races lui donnerait des droits et pour l'obtention de laquelle, semble-t-il, elle est entrée en guerre (2).

Apogée de la Roumanie : de 1860 à 1915.

(1) A la date à laquelle nous relisons ces lignes (janv. 1920), la question est encore réservée.

(2) La Roumanie compte 19 millions et demi d'habitants, savoir : 7 millions et demi en Roumanie. proprement dite. 7 millions et demi en Transylvanie et en Hongrie. 3 millions en Bessarabie, 1 million et demi en Bukovine.

19° BULGARIE

Les Bulgares — mélange de Finno-ougriens et de Slaves — se fixèrent d'abord sur les rives du Volga, puis, en 475, sur celles de la mer Noire et de la mer d'Azov, et s'avancèrent jusqu'au Danube (487) ; un moment soumis aux Avares (560-634), ils s'établirent ensuite sur le Pruth (667) et en Basse-Mésie (679) où ils fondèrent un royaume qui dura trois siècles. Leur csar *Syméon* (893-927) s'empara de la Valachie et d'une partie de la Hongrie. En 968, la Bulgarie fut ravagée par les Russes, puis réunie à l'empire grec.

En 980, Chichman fonda en Macédoine un second royaume bulgare et Jean Wladislav y joignit la Serbie ; mais l'empereur Basile II renversa cet Etat en 1018.

En 1186, il se forma un troisième royaume bulgare, dit slovaque-bulgare, qui se composait de la partie de la Bulgarie au sud du Danube ; le sultan Bayezid Ier le conquit en 1393.

Les Bulgares ont beaucoup souffert sous le gouvernement turc. Leur indépendance ne fut restituée qu'en 1878 par le traité de Berlin. Le premier prince de Bulgarie, Alexandre de Battenberg, élu en juin 1879, abdiqua en 1886 après avoir proclamé l'union de la Bulgarie et de la Roumélie orientale (1885). Son successeur Ferdinand de Cobourg (Ferdinand Ier, 1887-1918) se débarrassa du dictateur Stambouloff qui l'avait fait élire et se proclamer csar indépendant le 5 oct. 1908.

Allié dans la guerre des Balkans de 1912-13 à la Serbie, à la Grèce et au Montenegro, il remporta d'abord sur les Turcs d'éclatants succès (Kirk-Kilissé, 22-24 oct., Lule-Bourgas, 29-31 oct., Tchataldja, 17 nov.) et s'empara avec les Serbes d'Andrinople (26 mars 1913) ; mais de graves dissentiments étant survenus entre lui et ses alliés, auxquels se joignit la Roumanie, il perdit Andrinople (22 juillet) ; il agrandit toutefois ses Etats aux traités de Bucarest (10 août 1913) et de Constantinople (29 sept.).

Oubliant les services que lui avait rendus la Russie en 1877-78, la Bulgarie se rangea, le 5 oct. 1915, aux côtés de l'Allemagne et de l'Autriche dont Ferdinand avait toujours secondé la politique dans les Balkans ; dès le 15 octobre, son armée envahit la Serbie, lui prenant Uskub, Kumanovo, Nich (5 nov.) et Monastir (2 déc. 1915). Mais en septembre 1918, elle fut vaincue par l'armée alliée de Salonique, commandée par le général Franchet d'Esperey. Elle demanda le 26 septembre un armistice qui fut suivi le 30 de la cessation des hostilités. Le 30 octobre, Ferdinand abdiqua en faveur de son fils Boris qui s'est rapproché de la France. Au traité de Neuilly (27 novembre 1919), la Bulgarie perdait la Thrace occidentale réservée vraisemblablement à la Grèce, Stromitza et une bande de territoire au nord-ouest, cédés à la Serbie.

Apogée de la Bulgarie : de 893 à 927 et de 980 à 1018.

20° SERBIE

La Serbie fut soumise par les Bulgares, puis par les Grecs (934). En 1165, *Et. Nemania*, profitant de la faiblesse de l'empire d'Orient, rendit l'indépendance à la Serbie et fonda un puissant empire qui, sous *Et. Douchan* (XIVe siècle), conquit la Macédoine, une partie de la Thrace, de la Thessalie et de l'Albanie ; la capitale de la « Grande Serbie » était Uskub. Le pays déchut à partir d'Ouroch V : défaits par Mourad Ier à Kossovo (1389), les Serbes furent entièrement soumis par les Turcs en 1459 ; mais Belgrade ne fut pris qu'en 1521.

Au XVIIIe siècle, la Serbie fut en partie conquise par l'Autriche, mais le traité de Belgrade la rendit à la Porte (1739). Depuis, la Serbie tenta plusieurs fois de secouer le joug ottoman. Kara Georges y parvint en 1804, mais la paix de Bucarest, conclue en 1812 entre la Turquie et la Russie, restitua la Serbie aux Turcs. En 1816, Miloch Obrenovitch fit éclater une nouvelle révolte : elle aboutit au traité d'Andrinople (1829) qui reconnaissait l'indépendance de la Serbie ; mais elle vécut dans les troubles de 1839 à 1868.

Quoique battue par les Turcs en 1876, la Serbie fut, au congrès de Berlin (1878) affranchie et agrandie, puis érigée en royaume en mars 1882.

Adversaires en 1885 de la Bulgarie qui venait d'annexer la Roumélie, la Serbie s'allia en 1912 avec elle, la Grèce et le Montenegro contre la Turquie : elle s'empara de Novi-Bazar, Uskub, Monastir, Durazzo (oct.-nov.) et fut agrandie au traité de Bucarest (10 août 1913) ; mais, par suite de l'opposition de l'Autriche, elle ne put obtenir un débouché sur l'Adriatique.

L'assassinat de l'archiduc-héritier d'Autriche par deux Serbes à Serajevo (28 juin 1914) fut le prétexte de la guerre européenne, voulue par l'Allemagne, bien que la Serbie, conseillée par la Russie, eût accepté l'ultimatum autrichien du 23 juillet. Après avoir remporté des succès sur les Autrichiens, la Serbie fut, en octobre 1915, envahie par les Bulgares et les Austro-Allemands et conquise en un mois (prise de Belgrade, 8 oct., et de Nich,

5 nov.). Mais l'armée serbe, réorganisée à Corfou, rentra en scène en août 1916 : aidée par l'armée interalliée de Salonique, elle reprit Monastir (19 nov. 1916), Uskub (29 sept. 1918) et Nich (12 oct.).

A la suite des événements qui ont amené la dissolution de la monarchie austro-hongroise, le royaume de *Grande-Serbie* a été proclamé le 31 oct. 1918 à Serajevo ; le 1er décembre, le prince Alexandre, agissant au nom de son père le roi Pierre Ier, proclama, en présence du conseil national de Zagreb (Agram) « l'unité de la Serbie avec les provinces de l'Etat indépendant des Serbes, Croates et Slovènes dans le *royaume unitaire des Serbes, Croates et Slovènes* » ; un gouvernement *yougo-slave* fut constitué le 21 décembre. Le nouveau royaume comprend, réunies sous le sceptre de la maison royale de Serbie, toutes les provinces yougoslaves : Serbie, Montenegro, Bosnie-Herzégovine, Dalmatie, Croatie, Slavonie avec Belgrade pour capitale. (Voir à l'Annexe, note relative à la 10e proposition Wilson). Mais la question de Fiume que les Italiens refusent, sans raison aucune, de lui céder peut être la source de conflits futurs.

Apogée de la Serbie : milieu du XIVe siècle.

21e MONTENEGRO

Envahi dès le VIIe siècle par les Slaves, le Montenegro partagea jusqu'au XVe siècle l'existence de la Serbie. Définitivement constitué en 1456 par Stephan Tsernoïevitz de la famille des Balchides, princes serbes, il vit sa capitale Cettigné occupée par les Turcs en 1623, mais il se rendit indépendant en 1702.

En 1851, le gospodar Danilo se fit investir par la Russie. Son successeur Nikita, à la suite de deux guerres avec les Turcs, reçut au traité de Berlin de 1878, Sponj, Podgoritza et le port d'Antivari. Alliés avec les autres nations des Balkans en octobre 1912, les Monténégrins s'emparèrent le 23 avril 1913 de Scutari, qu'ils durent abandonner le 8 mai sur l'injonction de l'Autriche ; celle-ci conquit tout le pays les 12 et 13 janvier 1916.

Le 26 novembre 1918, le Montenegro proclama la déchéance du roi Nicolas Ier et de sa dynastie et son rattachement à la Serbie, ou plutôt « dans la Yougoslavie confédérée, comme Etat libre et non comme un simple département de la Serbie ».

22° GRECE

La Grèce antique, dont la civilisation fut si brillante (voir Europe), fut en 146 réduite en province romaine (Achaïe), et, lors du partage de l'empire romain par Théodose en 395, fit partie de l'empire d'Orient. Elle fut sans cesse désolée par les invasions des Barbares : Wisigoths sous la conduite d'Alaric (395-8), Vandales (466), Ostrogoths (475), Bulgares (500), Slaves (540). Ces derniers, combattus par les empereurs de Constantinople aux VIII° et IX° siècles, se fondirent dans la population gréco-romaine qui repoussa les Arabes au IX° siècle et les Bulgares au X°.

En 1080, Robert Guiscard conduisit en Grèce la première expédition normande et soumit l'Epire et une partie de la Thessalie ; en 1146, Roger, roi normand de Sicile, ravagea l'Etolie et l'Acarnanie, prit Corinthes et Thèbes. Lors de la création de l'empire latin de Constantinople (1204), la Grèce, conquise par les Croisés, fut partagée en un grand nombre de fiefs ; les Vénitiens eurent les côtes et les îles de l'Archipel. Mais les empereurs byzantins, rétablis en 1261, reprirent une partie de ces fiefs, et le reste tomba sous la domination des Ottomans.

Mahomet II avait déjà pris Constantinople (1453) lorsque son général Omar-pacha s'empara d'Athènes (1456) ; la Morée en 1460, l'Epire en 1467 reconnurent la domination musulmane, ainsi que les Vénitiens en 1673. Tout le pays tomba au pouvoir des Turcs.

Le sentiment national se réveilla à la fin du XVIII° siècle, encouragé par la Russie, dont le traité de Yassy (1792) augmenta l'influence en Grèce. La révolte contre les Turcs, commencée dès 1772 en Albanie, éclata en 1821 en Morée et gagna aussitôt toute la Grèce. Les députés des villes, réunis à Epidaure, proclamèrent l'indépendance du pays ; mais la Morée fut dévastée par l'Egyptien Ibrahim et Missolonghi détruite (1826). Il y eut alors en Europe un mouvement d'opinion général en faveur de la Grèce: la France, l'Angleterre et la Russie coalisées détruisirent la flotte turque à Navarin (20 oct. 1827), et Ibrahim fut chassé par les Français de la Morée (1828). Le traité d'Andrinople assurait l'indépendance grecque (1829).

Otton de Bavière fut accepté comme roi par les Grecs (1830) : il dut accorder le suffrage universel en 1843 ; resté inactif pendant la guerre de Crimée, il fut détrôné par une révolution (1863). Guillaume de Danemark (Georges Ier) qui le remplaça reconquit sur les Anglais les îles ioniennes (1863), obtint la Thessalie (1880) et fit, à la suite d'une guerre avec les Turcs, reconnaître l'indépendance de la Crète.

En 1912, alliés au Montenegro, à la Serbie et à la Bulgarie dans la guerre contre les Turcs, les Grecs s'emparèrent de Salonique (8 nov.), de Janina (6 mars 1913) et les îles de la mer Egée.

Pendant la guerre de 1914, le roi Constantin favorisa les intérêts du Kaiser, son beau-frère ; aussi fut-il détrôné (12 juin 1916) par les Français qui, avec les Anglais, occupaient Salonique depuis le 5 octobre 1915. Son second fils Alexandre lui succéda et servit, aidé par son ministre Venizelos, la cause de l'Entente. Au début d'octobre 1918, l'armée grecque conquit sur les Bulgares Cavalla et toute la Macédoine orientale. La Grèce réclame, non sans quelque raison, toutes les îles de la mer Egée et les côtes de l'Asie mineure qu'elle avait jadis couvertes de colonies florissantes.

23° ETATS-UNIS

DE L'Amérique du Nord

L'histoire des Etats-Unis ne date que de 1876, mais celle du pays remonte plus haut, depuis que les Vénitiens J. et S. Cabot en reconnurent les côtes en 1497.

La Floride fut découverte en 1512 par les Espagnols, la Virginie en 1584 par les Anglais (W. Raleigh). Les Hollandais occupèrent l'Etat de New-York en 1614 ; les Puritains de la Grande-Bretagne, le Massachussets (1620) ; le New-Hampshire fut colonisé en 1621, le Delaware en 1627, le Maryland en 1631, le Connecticut en 1635, le Rhode Island en 1638 : tous ces pays durent leurs premiers habitants aux persécutions religieuses. Les Anglais s'établirent encore aux Carolines en 1662 (Clarendon), en Pennsylvanie en 1681 (le quaker W. Penn), en Géorgie en 1732.

L'intérieur du pays se peuplait aussi. En 1683, le Français de la Salle, parti du Canada (1), descendant le Mississipi, prit possession de la Louisiane au nom de Louis XIV. En 1717, la Compagnie française d'Occident fonda la Nouvelle-Orléans.

Un territoire ainsi partagé entre deux nations rivales ne pouvait tarder à devenir le théâtre de luttes sanglantes : En 1754, la guerre éclata entre les Français et les Anglais ; les Français y perdirent le Canada et l'île du Cap Breton (traité de Paris, 1763). Mais à la suite de cette guerre commença la mésintelligence entre le gouvernement anglais et ses colonies.

L'Angleterre ayant voulu frapper des droits sans le consentement des colons sur le timbre, le papier, le verre et le thé (1764-

---

(1) Le Canada fut découvert en 1497 par Jean Cabot, vénitien au service de l'Angleterre. Les Français remontèrent le St-Laurent en 1506, 1523 et 1534 : Jacques Cartier prit possession au nom de François Iᵉʳ de la Nouvelle-France dont La Roque de Roberval fut le vice-roi. En 1608, Samuel Champlain fonda Québec et une colonie française se forma en 1617 pour exploiter le pays. Les Anglais tentèrent de s'en emparer en 1629 et 1711 ; ils réussirent, malgré Montcalm, à le conquérir (1759-60) et à le conserver au traité de Paris (1763).

Les Canadiens ont, dans la guerre de 1914-18, puissamment aidé les Anglais à chasser les Allemands du nord de la France.

67), les Américains protestèrent et en 1773 Boston donna le signal de la révolte. Les Anglais furent défaits à Lexington (1775). Le congrès de Philadelphie donna à George *Washington* le commandement suprême de l'armée américaine. Le 4 juillet 1776, les treize colonies anglaises se déclarèrent indépendantes. Après une guerre opiniâtre qui offrit des chances diverses, la victoire de Saratoga (1777) et la reddition du général Burgogne donnèrent aux insurgés une supériorité décidée. En 1778, la France conclut un traité d'alliance avec les Etats-Unis et les aida puissamment tant sur terre que sur mer, à combattre les Anglais : La Fayette, Rochambeau, d'autres officiers français s'illustrèrent dans ces luttes. Un traité fut également conclu par les insurgés avec l'Espagne en 1779. Enfin la capitulation de Cornwallis (1781) força l'Angleterre à reconnaître *l'indépendance des Etats-Unis* et à signer la paix (traité de Versailles, 3 septembre 1783).

La guerre terminée, le Congrès s'occupa d'établir une constitution, qui fut acceptée par tous les Etats en 1787. Washington fut élu deux fois président (1789-97). Pendant les guerres de la Révolution, les Etats-Unis restèrent neutres ; ils s'augmentèrent par l'acquisition de la Louisiane (1803). A la suite de difficultés suscitées par l'Angleterre au sujet de la liberté des mers, la guerre éclata en 1812 ; elle fut marquée par la prise de Washington par les Anglais et par la victoire des Américains à la Nouvelle-Orléans, et se termina en 1814. Plus tard, une rupture fut imminente avec la France pour une dette de 25 millions sous le président Jackson (1829-37). Une guerre contre le Mexique, sous Polk, aboutit au traité de Guadalupe (1814) qui céda aux Etats-Unis le Texas, l'Orégon, le Nouveau-Mexique et la Californie. Puis des discussions s'ouvrirent avec l'Angleterre au sujet du droit de visite. Les Etats-Unis refusèrent d'accepter la clause du traité de Paris relative à l'abolition de la course (1856). Ils prirent l'initiative de la suppression des péages du Sund (1857).

La question intérieure de l'esclavage, qui passionnait tous les esprits, n'avait pas été résolue. En 1861, après l'élection d'un président abolitionniste, Abraham Lincoln, les Etats du Sud, partisans de l'esclavage, se séparèrent des Etats du Nord, opposés à cette institution. Dix Etats (les deux Carolines, la Floride, la Géorgie, l'Alabama, le Mississipi, la Louisiane, le Texas, l'Arkansas le

Tennessee et une partie de la Virginie) déclarèrent successivement (20 déc. 1860 et 12 juin 1861) se détacher de l'Union : ils se constituèrent en Confédération séparée, élurent un président (Jefferson Davis), adoptèrent une nouvelle capitale (Richmond) et opposèrent une armée à celle de l'Union. Pendant quatre ans, les Confédérés, commandés par Beauregard, Jackson et Lee, livrèrent aux Fédéraux (Scott, Mc Clellan, Burnside, Sherman et Grant) une suite de batailles meurtrières, où les succès et les revers se balancèrent longtemps. Enfin la cause de l'Union l'emporta : la prise et l'incendie de Richmond (avril 1865) amenèrent la capitulation des armées confédérées ; mais la réconciliation ne fut complète qu'en 1870.

La guerre de sécession terminée, les Américains s'appliquèrent à mettre en pratique la fameuse théorie anti-européenne de leur président Monroë (1817-25) qui voulait que toute l'Amérique fût aux Américains. C'est en vertu de ce principe qu'ils s'emparèrent (avril-sept. 1918) des Antilles espagnoles et que, de plus en plus, ils tiennent à jouer un rôle mondial (le Président Roosevelt fut l'inspirateur du traité de Portsmouth qui termina le 5 septembre 1905 la guerre russo-japonaise).

Au début de la guerre européenne de 1914, les Etats-Unis (dont le huitième de la population est d'origine allemande) restèrent neutres ; mais à la suite du torpillage du *Lusitania* (8 mai 1915), leurs rapports avec l'Allemagne se tendirent. Après la recrudescence de la guerre sous-marine allemande (2 février 1917) et la violation de la promesse faite par le gouvernement impérial de ne plus torpiller les vaisseaux de commerce des pays neutres, les Etats-Unis, animés par leur président démocrate Wilson, se rangèrent du côté des Alliés et déclarèrent la guerre à l'Allemagne le 5 avril 1917 dans le but unique de sauver le droit, la justice et l'humanité foulés aux pieds par la Prusse (voir ci-après, aux Annexes, le texte des 14 propositions de paix du Président Wilson). L'aide américaine, tant au point de vue militaire qu'au point de vue économique fut considérable et des plus efficaces, surtout à partir d'avril 1918. L'armée des Etats-Unis en France qui s'augmentait de près de 300.000 hommes par mois, atteignait, le 1er nov. 1918, 1.950.00 unités (à cette date la France comptait 2.560.000 combattants, l'Angleterre 1.750.000, la Serbie et l'Italie chacune 200.000).

Wilson obligea l'Allemagne, qui dès le 5 oct. 1918 sollicitait son intervention auprès des alliés pour obtenir un armistice, à se soumettre à ses conditions (voir page 49). La guerre terminée, Wilson fit en Europe un voyage triomphal (déc.) et assista à l'ouverture de la Conférence de la paix (18 janvier 1919) siégeant à Paris, et où toutes les nations belligérantes ou neutres étaient représentées. Les traités du 28 juin avec l'Allemagne et du 10 septembre avec l'Autriche-Hongrie qui terminèrent la guerre mondiale ont, tout au moins dans leur esprit, sinon dans leurs clauses, étaient inspirés par cet esprit idéaliste, généreux, mais utopiste, si fortement épris de justice (1).

Apogée des Etats-Unis : de 1814 à 1860 et surtout depuis 1870.

(1) C'est à Wilson que nous devons, dit-on, de n'avoir malheureusement pu obtenir ni la rive gauche du Rhin, limite naturelle de la Gaule, ni l'émiettement de l'Allemagne, réalisé aux traités de Westphalie de 1648, qui furent bien le chef-d'œuvre de la politique capétienne, si véritablement conforme aux intérêts de la France.

24° CHINE

L'histoire réelle de la Chine ne commence qu'en 2637 av.
J.-C. avec son 3ᵉ souverain, Houang-ti. En 2197 Yu, chef des
Hia, fonda la première dynastie impériale. Du Xᵒ au IIIᵉ siècle, la
Chine fut morcelée en un grand nombre de principautés féodales
toujours en guerre. En 247, *Thsin-chi-hoang-ti* réunit sous son
empire toute la Chine (qui prit de lui son nom), repoussa les inva-
sions des Mongols et construisit la grande muraille qui sépare la
Chine de la Mongolie.

A la dynastie des *Thsin*, succéda celle des *Han* (222 av. J.-C.-
226 ap.) ; elle agrandit l'empire par de vastes conquêtes au sud
et à l'ouest, et encouragea les sciences et les lettres ; la soie fit
alors son apparition en Europe.

Puis la Chine, envahie, se divisa en deux empires (du nord et
du sud) qui furent réunis en 618 par *Li-ang*, fondateur de la dynastie *Tang* qui dura trois siècles.

Du IXᵉ au XIIIᵉ siècle, la Chine fut ravagée par les Mongols et
les Tatars ; ces derniers furent chassés en 1260 au nord du fleuve
Bleu par les Mongols qui fondèrent la dynastie *Youèn* (1280-
1368) ; elle respecta les mœurs et usages du peuple vaincu. En
1368, Tchou chassa les Mongols de la Chine et prit la couronne
sous le nom de Taï-tsou. Ses successeurs, les *Mings*, régnèrent jusqu'en 1644. Sous eux, les Portugais abordèrent à Macao (1514)
et firent le commerce avec la Chine.

Puis les Tartares Mandchoux s'emparèrent de Pékin et leur
chef *Tchoun-tchi* se fit proclamer empereur de toute la Chine
(1644) et commença la dynastie des *Tsin* qui régna jusqu'en
1912. Kang-hi (1662-1722) soumit toute la Mongolie et l'île
Formose ; *Kien-loung* (1736-95) conquit le Thibet, le Kaschgar,
la Dzoungarie et étendit son empire jusqu'à la Boukharie et à
l'Hindoustan. Son petit-fils Tao-Kouang déclara en 1840 la
guerre aux Anglais qui, malgré sa défense, avaient importé de
l'opium dans ses Etats : l'Angleterre fut victorieuse et obtint l'ouverture de cinq ports (1842). En 1851, éclata une insurrection :
Nankin fut prise (1853). En 1856, nouvelle guerre entre la Chine

et l'Angleterre, soutenue par la France. Le traité de Tien-tsin (28 juin 1858) par lequel l'empereur Hiou-foung accordait aux Européens des avantages commerciaux n'ayant pas été observé, les Franco-Anglais forcèrent l'entrée du Peï-ho, battirent les Chinois à Palikao et entrèrent à Pékin. Ce succès ne profita qu'aux Anglais, dont le commerce en Chine a pris dès lors une grande extension.

En 1882, la Chine protesta contre le traité qui depuis 1874 soumettait l'Annam à notre protectorat et intervint contre nous au Tonkin. Battus à Sontay, Bac-Ninh et Hong-hoa (1883-4), les Chinois se décidèrent à signer le traité de Tien-tsin (11 mai 1884). Mais le 23 juin, ils assaillirent traîtreusement nos troupes à Bac-Lé, et la guerre recommença, vigoureusement conduite par l'amira Courbet qui bombarda Fou-tchéou, prit Kelung et Formose et bloqua le Pé-tchi-li. La Chine signa alors le traité de Tien-tsin, abandonnant le Tonkin et l'Annam.

En 1894-95, la Chine subit une guerre contre le Japon : elle fut vaincue et perdit la Mandchourie.

Une révolution éclata en 1912 et substitua à la monarchie séculaire une république qui ne semble pas avoir été acceptée par tout le pays, qui resta neutre dans la guerre mondiale.

Si la Chine, dont le sol et le sous-sol, encore peu exploité, sont extraordinairement riches, et dont les habitants sont travailleurs, intelligents, économes et sobres, se disposait un jour à sortir de sa torpeur et à emprunter, comme le firent les Japonais il y a 40 ou 50 ans, à la civilisation européenne ce qu'elle peut avoir de bon, elle serait, croyons-nous, le tout premier pays du monde.

Apogée de la Chine : sous les Hans, de 222 av. J.-C. à 226 ap. J.-C. et sous les Tsin de 1660 à 1840.

LES GRANDES BATAILLES DE L'HISTOIRE (1) (Appendice : Tableau I)

DATES DES BATAILLES	CHAMPS DE BATAILLE	VAINQUEURS	VAINCUS	NOMBRE DE TUÉS	REMARQUES ET CONSÉQUENCES
Avant Jésus-Christ 1350	Quodshou	Ramsès II, roi d'Egypte	Les Khitis asiatiques		Soumission de la Syrie aux Egyptiens
490	Marathon (nord-est d'Athènes)	Miltiade avec 10.000 Athéniens et 1.000 Platéens	Darius Ier et 100.000 Perses	200 Grecs, 7.000 Perses	La première invasion perse est repoussée
480	Salamine (ouest d'Athènes)	Thémistocle et 378 galères athéniennes	Xerxès Ier et 1.000 galères perses		Destruction de la flotte perse. Xerxès rentre en A...
479	Platées (sud de Thèbes)	118.000 Grecs (le Spartiate Pausanias et l'Athénien Aristide)	300.000 Perses	200 Gr., 260000 Perses	Délivrance de la Grèce
331	Arbèles (près du Tigre)	Alexandre de Macédoine et 47.000 Grecs	Darius III et 1.500.000 Perses		Chute de l'empire perse
301	Ipsus (Phrygie)	Lysimaque, Seleucus, Ptolémée et Cassandre, généraux d'Alexandre, et 80.000 hommes.	Antigone, général d'Alexandre (qui y fut tué) et 75.000 hommes		Division de l'empire d'Alexandre en quatre royaumes (...doine et Grèce, Thrace, Syrie, Egypte)
216	Cannes (Pouille)	Annibal et 50.000 Carthaginois	Paul-Emile, Varron et 80.000 h. Romains	70.000 Romains	Annibal est maître de presque toute l'Italie
202	Zama (Numidie)	Scipion l'Africain et les Romains	Annibal et les Carthaginois	20.000 Carthaginois	Rome, débarrassée d'Annibal, va pouvoir écraser Carthage
102	Aix-en-Provence	Marius et les Romains	Les Teutons	200.000 Barbares	Marius devient le premier chef d'armée de la Répu...
101	Verceil (Piémont)	id.	Les Cimbres		
52	Alésia, près Dijon	Jules César et 60.000 Romains	Vercingétorix et 250.000 Gaulois		Conquête de la Gaule par les Romains
48	Pharsale (Thessalie)	Jules César	Pompée et 50.000 Pompéiens	15.000 Pompéiens	Fuite de Pompée en Egypte. Jules César tout puis...
31	Actium (Acarnanie, Grèce)	Octave (Auguste), Agrippa et 22.000 Romains	Antoine et Cléopâtre	22.000 h.	L'Egypte aux Romains. Octave maître de Rome où ... fait nommer empereur
Après Jésus-Christ 451	Méry-sur-Seine (près de Châlons)	Aétius et les Gallo-Romains	Attila et les Huns		Union des Gallo-Romains et des Germains. L'inva... des Huns arrêtée
732	Poitiers	Charles Martel et les Francs	Les Arabes		L'Europe délivrée des Arabes
955	Lechfelds, près Augsbourg (Bavière)	Otton Ier, roi de Germanie (l'emp. Otton le Grand)	Les Hongrois	100.000 Hongrois tués	Les Hongrois cessent toute invasion en Allemagne. La ... d'Osterreich (Autriche) rétablie avec l'Avarie enlev... Hongrois.
sept. ou 14 oct. 1066	Hastings (côte anglaise)	Guillaume, duc de Normandie, et 50.000 Normands	Harold roi d'Angleterre, qui y fut tué		Guillaume le Conquérant, roi d'Angleterre. Conqu... de l'Angleterre par les Normands
27 août 1214	Bouvines (Nord)	Philippe II Auguste, roi de France	Othon IV, empereur d'Allemagne, et le comte de Flandre		1re victoire nationale. Les milices communales se groupent autour du roi
1278	Marchfeld (nord de Vienne)	Rodolphe de Habsbourg (l'emp. Rodolphe Ier)	Ottokar II, roi de Bohème		Il lui enlève toutes les provinces qu'il avait conquises (A... Styrie, Carniole, Carinthie), ne lui laissant que la B... la maison de Habsbourg devient maison d'Autriche.
26 août 1346	Crécy (Somme)	Edouard III et 10.000 fantassins anglais	Philippe VI, roi de France, et 40.000 chevaliers français	30.000 Français	Première bataille de la guerre de Cent ans
1356	Maupertuis (près de Poitiers)	Le prince Noir, fils d'Edouard III, et 12.000 Anglais	Jean II, roi de France, et 45.000 Français		Captivité du roi Jean. La Chevalerie française dé...
1402	Ancyre ou Angora (Galatie, Asie Mineure)	Timourlenk (Tamerlan) et 700.000 Mongols	Bayezid Ier (Bajazet) et 400.000 Turcs		Captivité et mort du sultan Bajazet Ier, qui avait v... Nicopolis (1397) les chrétiens commandés par Sigism... Hongrie.
25 octobre 1515	Azincourt (Pas-de-Calais)	Henri V, roi d'Angleterre, et 20.000 Anglais	Le connétable d'Albret et 50.000 Français	12.000 Français	Les Anglais maîtres du Nord de la France
18 juin 1429	Patay en Beauce (Loiret)	Jeanne d'Arc, Dunois et les Français	Talbot, qui y fut fait prisonnier	2.000 Anglais	Jeanne d'Arc, qui vient de délivrer Orléans (8 m... peut faire sacrer le roi Charles VII à Reims (17 j...
1495	Fornoue (Emilie, Italie)	Charles VIII, roi de France, et 9.000 Français	30.000 Milanais	15.000 h.	Le roi de France peut rentrer dans son royaume
14 septembre 1515	Marignan (Lombardie)	François Ier, roi de France, et 60.000 Français	Lansquenets suisses et italiens		Conclusion de la paix perpétuelle avec les Suisses, conquête du Milanais
6 novembre 1632	Lutzen (Saxe prussienne)	Gustave-Adolphe et 30.000 Suédois	Wallenstein et 40.000 Allemands		Gustave-Adolphe meurt au milieu de sa nouvelle v...
19 mai 1643	Rocroy (Ardennes)	Le duc d'Enghien (le grand Condé)	Les Espagnols (comte de Fuentès et Francisco de Mellos)	8.000 Esp., 2.000 Fr	Première victoire du règne de Louis XIV, comme... cinq jours avant
1675	Turckheim (Alsace)	Turenne et les Français	Les Impériaux coalisés		Les Allemands chassés d'Alsace
9 novembre 1700	Narva (près de St-Pétersbourg)	Charles XII et 10.000 Suédois	Pierre Ier et 70.000 Russes		Charles XII conquiert toute la Pologne
24 juillet 1712	Denain (Nord)	Le maréchal de Villars et 80.000 Français	Le prince Eugène et 100.000 Anglais, Allemands et Hollandais		La France, délivrée de l'invasion, signe le traité d'U...
11 mai 1745	Fontenoy (Hainaut)	Le Maréchal de Saxe et 50.000 Français	Le duc de Cumberland et 60.000 Anglais		Conquête des Pays-Bas

Bataille	Vainqueurs	Adversaires	Pertes	Conséquences
Fontenoy (Flandre)	Le Maréchal de Saxe ... français	Le duc de ... Anglais		
Lissa (près Posen)	Frédéric II, roi de Prusse et 33.000 Prussiens	Daun et 90.000 Autrichiens	40.000 h.	Frédéric II reconnu le premier tacticien de son temps
Valmy (Marne)	Dumouriez, Kellermann et 40.000 Français	Duc de Brunswick et 50.000 Prussiens		Première victoire des troupes de la Révolution
Rivoli (Vénétie)	Le général Bonaparte et 16.000 —	Alvinczi et 40.000 Autrichiens	10.000 h.	Succès définitif de la campagne d'Italie, suivie du traité de Campo-Formio (1797)
Zurich (Suisse)	Masséna et 55.000 —	Archiduc Charles et 40.000 Autrichiens, Souvarov et 70.000 Russes		La France sauvée de l'invasion austro-russe
Marengo (Lombardie)	Bonaparte, Desaix et 30.000 —	Mélas et 35.000 Autrichiens		L'Italie reconquise par les Français
Trafalgar (Sud Espagne)	Nelson et la flotte anglaise	Flotte franco-espagnole (Amiraux Villeneuve et Gravina)		*Suprématie de l'Angleterre sur les mers*
Austerlitz (Moravie)	Napoléon Ier et 80.000 Français	100.000 Austro-Russes (Alexandre Ier et François Ier)	25.000 h.	Après la *Bataille des Trois Empereurs*, l'Autriche signe la paix de Presbourg (26 déc. 1805)
Iéna (Grand-duché de Saxe-Weimar)	id.	Frédéric-Guillaume III, roi de Prusse		Soumission de la Prusse. Les Français entrent à Berlin
Eylau (Prusse Orientale)	id. Murat et 70.000 —	Bennigsen et 80.000 Russes	20.000 h.	Victoire suivie de celle de *Friedland* (14 juin 1807) et de l'entrevue du Niémen
Essling ou Aspern (Basse-Autriche)	id. Lannes et 80.000 —	Archiduc Charles et 90.000 Autrichiens	40.000 h.	Mort de Lannes. Victoire suivie de celle de *Wagram* (Ney) 15 et 6 juillet 1809) et du traité de Vienne
La Moskowa (Russie)	id. Ney et 156.000 —	Barclay de Tolly et 150.000 Russes	80.000 h.	Prise de Moscou par les Français
Leipzig (Saxe)	300.000 Autrichiens (Schvartzenberg), Prussiens (Blücher) et Russes (Alexandre Ier)	Napoléon et 140.000 Français	120.000 h.	La *Bataille des Nations* commence la ruine de l'empire napoléonien
Waterloo (Brabant)	70.000 Anglais (Wellington) et 50.000 Prussiens (Blücher)	id. 72.000 —	45.000 h.	Défaite définitive et deuxième abdication de Napoléon
Navarin (port de Messénie, Grèce)	Flottes franco-anglo-russe	Flotte turco-égyptienne		Affranchissement de la Grèce
Isly (rivière du Maroc, Oudjda)	Bugeau et les Français	Les Marocains d'Abd-el-Kader		Conquête de l'Algérie par les Français
Inkermann (Crimée)	30.000 Français (général Bosquet) et 25.000 Anglais (Lord Raglan)	Mentchikof et 60.000 Russes	10.000 h.	Victoire précédée de celle de l'Alma (20 sept. 1854) et suivie du siège de Sébastopol
Solférino (Lombardie)	150.000 Franco-Italiens (Napoléon III et Victor-Emmanuel Ier)	François-Joseph et 160.000 Autrichiens	40.000 h.	Paix de Zurich et *création de l'unité italienne*
Sadowa ou Königgrätz (Bohème)	250.000 Prussiens (de Moltke)	Benedek et 200.000 Autrichiens	30.000 h.	*Prépondérance de la Prusse en Allemagne*
Sedan (Ardennes)	246.000 Allemands (Guillaume Ier, de Moltke)	124.000 Français (Napoléon III, Mac Mahon, Ducrot)	25.000 h.	Capitulation de l'armée française. Chute du Second Empire (4 septembre)
Metz (Lorraine)	250.000 Allemands (Frédéric-Charles)	170.000 Français (Bazaine et Canrobert)	70.000 h.	L'armée française cernée dans Metz
Champigny (près Charenton)	300.000 — (de Moltke)	250.000 Français (Ducrot)	25.000 h.	Investissement définitif de Paris
Plevna (Bulgarie)	Totleben et 100.000 Russes	Osman Pacha et 40.000 Turcs	30.000 h.	Les Russes triomphent de la Turquie. Traité de Berlin de 1878
Moukden (Mandchourie)	314.000 Japonais (général Oku)	310.000 Russes	120.000 h.	Les Japonais maîtres de la Corée. Indépendance de la Mandchourie
Tsoushima (mer du Japon)	Flotte japonaise	Flotte russe de 20 navires : 17 coulés		*Les Japonais maîtres des mers asiatiques*
Tannenberg (Prusse orientale)	Les Allemands (Hindenburg)	Les Russes		Libération de la Prusse orientale
Augustovo (Pologne)	Les Russes (Grand-duc Nicolas)	Les Allemands (Hindenburg)		Les Russes prennent la Bukovine et la Galicie et menacent la Hongrie
Charleroi (précédée de la bataille de Sambre-et-Meuse)	Les Allemands (von Klück)	Les Français et les Belges		Les Allemands, maîtres de la Belgique, pénètrent en France dont ils occupent le Nord-Est
La Marne (précédée de la bataille de l'Ourcq)	700.000 Français (généralissime Joffre, assisté de Maunoury, Franchet d'Espérey, Foch, Langle de Cary, Sarrail) et 100.000 Anglais (French).	900.000 Allemands (von Klück)		Les Allemands arrêtés dans leur marche sur Paris, défendu par Galliéni
Les Flandres (Yser et Ypres)	Les Français (Foch et Durbal)	Les Allemands		Les Allemands arrêtés dans leur marche sur Calais
Verdun	Les Français (Castelneau et Pétain)	Les Allemands (le Kronprinz)		Les Allemands ne peuvent prendre Verdun et s'abstiennent de toute grande offensive jusqu'au 21 mars 1918

Siège		Durée
Troie (1280-1270 avant J.-C.)	par les Grecs Confédérés	Durée : 10 ans
Jérusalem (70 après J.-C.)	Titus et les Romains	7 mois
Orléans (30 avril — 8 mai 1429)	Jeanne d'Arc	8 jours
Metz (1552) et Calais (1558)	François de Guise	3 mois (Metz)
Sébastopol (levé le 8 sept. 1855)	Mac-Mahon	11 mois 15 jours
Paris (19 sept. 1870-28 janv. 1871)	Les Allemands	4 mois 10 jours
Port-Arthur (1er janvier 1905)	Les Japonais	9 mois

	NOMS DES TRAITÉS	ENTRE :	MET FIN A LA GUERRE DE	CLAUSES PRINCIPALES ET CONSÉQUENCES
559	Cateau-Cambrésis	Henri II, r. de France et { Philippe II, roi d'Espagne / Elisabeth, reine d'Anglet.	Guerre entre la France et la maison d'Autriche (1557-59)	La France obtient Calais, St-Quentin et les Trois-Evêchés ; l'Espagne Thionville et Montmédy
55	Passau	Charles-Quint et les Luthériens	Trêve entre Charles-Quint et protest. allem.	Les princes luthériens obtiennent la liberté de conscience et les sécularisations opérées jusqu'en 1552
56	Augsbourg	id.	Fin de la lutte — (1530-56)	
98	Vervins	Henri IV, roi de France et Philippe II, roi d'Espagne	Guerre franco-espagnole (1595-98)	La France obtient la Picardie, mais cède Cambrai et le Charolais
98	Edit de Nantes	Henri IV et les Protestants	Guerres de religion (1560-98)	Henri IV accorde aux Protestants la liberté de conscience et des places de sûreté. L'Edit de Nantes fut révoqué le 17 octobre 1685
26	Paix de la Rochelle	Richelieu et les Protestants	Trêve	Les Protestants gardent leurs libertés religieuses, mais perdent leurs places de sûreté
29	Grâce d'Alais	id.	Paix définitive	
48	Munster pour les catholiques } traités de	France et Suède et les princes allemands	Guerre de Trente Ans (1618-48)	Liberté religieuse en Allemagne. Toute puissance en Europe de { la France : l'Alsace (moins Strasbourg) et les Trois-Evêchés { la Suède, son alliée : la mer Baltique, lac Suédois
48	Osnabrück pour les protestants } Westphalie (2)			
59	Pyrénées (Ile des Faisans, Bidassoa)	Mazarin, au nom de Louis XIV et don Luis de Haro, au nom de Philippe IV, roi d'Espagne	Guerre franco-espagnole (1654-59)	La France obtient la Cerdagne et le Roussillon, l'Artois, la Flandre, le Hainaut et le Luxembourg
68	Aix-la-Chapelle	Louis XIV (de Lionne) et Charles II, roi d'Espagne	Guerre de Dévolution (1667-68)	La France obtient la Flandre
78	Nimègue	Louis XIV (d'Avaux) et l'Espagne et la Hollande	Guerre de Hollande (1672-78)	La France obtient la Franche-Comté, l'Artois, les places de l'Escaut. Le traité de Nimègue marque l'apogée de la France
97	Riswick	Louis XIV et l'Angleterre, l'Allem., l'Esp. et la Holl.	Guerre de la Ligue d'Augsbourg (1688-97)	L'Esp. reçoit la Catalogne, Courtrai, Mons et Charleroi; l'All. Montbéliard
1713	7 traités d'Utrecht	Louis XIV et toute l'Europe	Guerre de la Succession d'Espagne (1701-14)	Création des royaumes de Savoie, de Sicile et de Prusse. L'Angleterre obtient Gibraltar et Terre-Neuve et reconnue grande puissance maritime
14	Rastadt	Louis XIV (Villars) et l'Autriche (Prince Eugène)	id.	L'Autriche reçoit les Pays-Bas et presque toute l'Italie
56	Königsberg	Le grand Electeur Frédéric-Guillaume de Pr. et la Pol.		La Prusse obtient une partie de la Poméranie
57	Wehlau	id.		La Prusse est dégagée de toute vassalité vis-à-vis de la Pologne
60	Copenhague	Charles XI, r. de Suède et Frédéric III, r. de Danemark		La Suède obtient la Scanie, Aaland et Bohus
60	Oliva	Charles XI et Jean Casimir, roi de Pologne		La Suède obtient la Livonie et l'Esthonie
61	Kardisz	Charles XI et le czar Alexis		La Suède obtient les places prises en Livonie, restituées par la Russie
67	Androussovo	Le czar Alexis et Jean Casimir, roi de Pologne		La Pologne cède à la Russie Smolensk et l'Ukraine occidentale
86	Moscou	Le czar Alexis et Jean III Sobieski, roi de Pologne		La Pologne cède à la Russie Kiew et la Podolie
99	Carlowitz	Le Sultan Mustapha II et la Russie, l'Autriche, la Pologne et Venise		La Turquie cède à l'Autriche la Transylvanie, à la Pologne la Podolie, à la Russie Azov, à Venise. la Morée, Egine et plusieurs places en Dalmatie
18	Passarowitz	Le Sultan Ahmed III et l'Empereur Charles VI		La Turquie cède à l'Autriche Belgrade et Temesvar
06	Altranstadt	Charles XII, roi de Suède et la Pologne et la Russie		Charles XII remplace sur le trône de Pol. Aug. II par Stanislas Leczinski
19	Stockholm	Charles XII et Frédéric-Guillaume I, roi de Prusse		Ch. XII cède à la Pr. Stettin, Usedom, Wollin et une partie de la Poméranie
20	Nystadt	Charles XII et le czar Pierre le Grand		Charles XII cède à la Russie la Livonie et l'Esthonie. Ce traité marque la décadence de la Suède
38	3e Traité de Vienne	L'Autriche, la Pologne, l'Espagne et la France	Guerre de la Succession de Pologne (1733-38)	Stanislas Leczinski duc de Lorraine ; nombreux échanges et compensations
39	Belgrade	L'Empereur Charles VI et le Sultan Mahmoud II		L'Autriche cède à la Turquie la Valachie, la Serbie et Belgrade
45	Berlin et Dresde	Frédéric II, roi de Prusse et Marie-Thérèse d'Autriche	Guerre de la Succession d'Autriche (1740-48)	L'Autriche cède à la Prusse la Silésie
48	Aix-la-Chapelle	Marie-Thérèse et la Prusse, la Sardaigne, l'Espagne, la France et l'Angleterre		Confirmation de la cession de la Silésie à la Prusse par l'Autriche qui cède à l'Espagne Parme et Plaisance
63	Hubertsbourg	Frédéric II, roi de Prusse et l'Autriche et la Saxe	Guerre de sept ans sur terre (1756-63)	La Prusse garde la Silésie, mais rend la Saxe à Auguste III, r. de Pologne
63	Paris	La France et l'Angleterre	Guerre de sept ans sur mer	La France cède { à l'Angleterre : toutes ses colonies (Canada, Inde, Sénégal) { à l'Espagne : la Louisiane en échange de la Floride qu'elle donne à l'Angleterre
83	Versailles	L'Angleterre et la France et les Etats-Unis	Guerre de l'indépendance des Etats-Unis (1773-83)	L'Angleterre reconnaît l'indépendance des Etats-Unis de l'Amérique du Nord
74	Routschouk-Kainardji	Le sultan Abdul-Hamid et Catherine II de Russie	Guerres russo-turques du XVIIIe siècle	La Turq. cède à la Rus. la côte entre le Dniepr et le Bug, Azov, Kerth, etc.
92	Yassy	Le sultan Sélim III et Catherine II		La Turquie cède à la Russie la Crimée, le Kouban, Otchakov et la Bessarabie
95	Bâle	La France, la Prusse et l'Espagne	Première coalition (1792-95)	La France reçoit de la Prusse la rive gauche du Rhin et atteint les limites de l'ancienne Gaule
97	Campo-Formio	Bonaparte et l'Empereur d'Autriche, François II	Campagne d'Italie (1796-97)	[illegible]

Date	Traité	Belligérents	Guerre ou coalition	Conséquences
octobre 1797	Campo-Formio	Bonaparte et l'Empereur d'Autriche François II	Campagne d'Italie (1796-97)	La France reçoit de l'Autriche les Pays-Bas ainsi qu'en échange de la Vénétie
mars 1802	Amiens	Bonaparte et l'Angleterre (Cornwallis)	Deuxième coalition (1796-1801)	L'Angleterre évacue l'Egypte et cède toutes les colonies dont elle s'était emparée, sauf Ceylan et la Trinité
cembre 1805	Presbourg	Napoléon Ier et la Prusse et l'Autriche	Troisième coalition (1805-06)	Création de la confédération du Rhin, et des royaumes de Wurtemberg et de Bavière. L'Empereur ne s'appelle plus qu'empereur d'Autriche
juillet 1807	Tilsitt	Napoléon Ier et la Prusse et la Russie	Quatrième coalition (1806-07)	Création du royaume de Westphalie et du grand-duché de Varsovie
octobre 1809	Vienne	Napoléon Ier et l'Autriche	Cinquième coalition (1809)	L'Autr. cède à la Fr. l'Illyrie et la Dalmatie. Apogée de la gloire de Napoléon
30 mai 1814	1er Traité de Paris	Louis XVIII et les Alliés	Fin de la suprématie de la France	La France ramenée à ses limites de 1789. La confédération du Rhin remplacée par la Confédération germanique sous la présidence de l'Autriche qui est toute puissante en Europe.
4-9 juin 1815	Congrès de Vienne			
0 nov. 1815	2e Traité de Paris			La France a ses frontières échancrées : elle perd la Savoie, mais garde Mulhouse, Montbéliard et Avignon
30 sept. 1829	Andrinople	La Turquie et la France, l'Angleterre et la Russie	Guerre de l'indépendance hellénique (1821-29)	L'indépendance de la Grèce reconnue. La Russie reçoit les bouches du Danube, le protectorat de la Serbie, de la Moldavie et de la Valachie
1832	Kutaieh	Le Sultan Mahmoud II et le pacha Mehemet-Ali		La Turquie cède à l'Egypte la Syrie
1833	Unkiar-Skelessi	Le Sultan Mahmoud II et la Russie		La Turquie ouvre le Bosphore aux Russes et ferme les Dardanelles aux autres puissances
1839-1840	Londres	Le Sultan Abdul-Hamid et l'Europe, sauf la France exclue		La Turquie recouvre la Syrie, mais reconnaît à la famille de Mehemet la possession héréditaire de l'Egypte sous la suzeraineté du sultan
1841	Détroits	Le Sultan Abdul-Hamid et l'Europe, y compris la France		La Turquie s'engage à fermer le Bosphore et les Dardanelles à tout vaisseau de guerre
1852	Londres	Le Danemark et les puissances	—	L'intégrité de la monarchie danoise proclamée ; les duchés de Schleswig et d'Holstein maintenus dans la confédération germanique
30 mars 1856	Paris	La Turquie, la Russie, la France et l'Angleterre	Guerre russo-turque (1853-56)	L'indépendance de la Turquie assurée
1859	Villafranca et Zurich (10 nov.)	L'Autriche et l'Italie et la France	Guerre austro-italienne (1859)	L'Autriche cède la Lombardie à Victor-Emmanuel, roi de Piémont et de Savoie qui va constituer l'unité de l'Italie et s'en faire reconnaître roi
24 août 1866	Prague	L'Autriche et la Prusse et l'Italie	Guerre austro-prussienne (1866)	L'Autriche, vaincue par la Prusse, est exclue de l'Allemagne ; mais quoique victorieuse de l'Italie, doit céder la Vénétie à cette dernière
10 mai 1871	Francfort	La France (Thiers) et l'Allemagne (Bismark)	Guerre franco-allemande (1870-71)	La France, écrasée par la Prusse, doit lui céder l'Alsace, une partie de la Lorraine et cinq milliards
1878	Berlin	La Turquie et la Russie, l'Autriche et l'Angleterre	Guerre russo-turque (1877-78)	L'indépendance de la Roumanie, de la Serbie et de la Bulgarie reconnu. La Bosnie et l'Herzégovnie à l'Autriche ; Chypre à l'Angleterre
10 déc. 1898	Paris	L'Espagne et les Etats-Unis	Guerre de Cuba (hispano-américaine) (1898)	L'Espagne cède aux Etats-Unis toutes ses colonies des Antilles (Cuba, Porto-Rico) et de l'Océan Pacifique (les Philippines). Les Etats-Uni remplacent l'Espagne comme puissance coloniale.
8 avril 1904	Accord franco-anglais	La France et l'Angleterre	Rivalité dans le monde de la France et de l'Angleterre	La France confirme le traité du 21 mars 1899 abandonnant à l'Angleterr les territoires du Haut-Nil. Elle laisse l'Angleterre libre en Egypte e obtient le libre exercice de son influence au Maroc qui devient un pro tectorat français.
5 sept. 1905	Portsmouth (Etats-Unis)	La Russie et le Japon	Guerre russo-japonaise (1904-05)	Le Japon reçoit la Corée avec Port-Arthur ; la Mandchourie reconnu libre. Le Japon prend rang de grande puissance mondiale
10 août 1913	Bucarest	La Turquie et les peuples des Balkans (Bulgarie, Serbie, Monténégro et Grèce)	Les guerres des Balkans (1912-13)	La Turquie d'Europe divisée au profit de tous ses adversaires. Créatio de l'Albanie
29 sept. 1913	Constantinople			
3 mars 1918	Brest-Litowsk	La Russie (Lénine et Trotsky) et l'Allemagne et ses alliés	Guerre entre la Russie, l'Allemagne et ses alliés (1914-18)	La Russie, en pleine décomposition, laisse le champ libre à l'Allemagn (Traité non reconnu par la France et ses alliés)
et 8 mai 1918	Bucarest	L'Allemagne et ses alliés (Autriche-Hongrie, Bulgarie, Turquie) et la Roumanie	Guerre entre la Roumanie et l'Allemagne et ses alliés (1916-18).	La Roumanie, conquise, cède à l'Allemagne le passage de son territoir et ses mines de pétrole ; à l'Autriche, les Karpathes ; à la Bulgar la Dobroudja (même observation que pour le précédent traité).
juin 1919	*Versailles*	Les Alliés (France, Angleterre, Etats-Unis, Italie, Japon, etc.) et l'Allemagne	Guerre mondiale de 1914-18	*L'Allemagne, abattue et désarmée, perd l'Alsace-Lorraine, la Posnanie e toutes ses colonies. Victoire du Droit sur la Force.*
tembre 1919	*Saint-Germain*	Les Alliés (France, Angleterre, Etats-Unis, Italie, Japon, etc.) et l'Autriche-Hongrie	id.	*Démembrement de l'Autriche-Hongrie en Etats indépendants. Créatio de la Tchéco-Slovaquie et de la Youge-Slavie.*
vembre 1919	*Neuilly, près Paris*	Les Alliés et la Bulgarie	id.	*La Bulgarie perd la Thrace occidentale*

Pour les grands traités antérieurs à 1550, voir le tableau II, à la fin de notre livre « A travers l'Histoire ».
Le premier traité préparé et signé sans être soumis au pape.

APOGÉE DES PEUPLES DE L'EUROPE (1) (depuis Charlemagne)

FRANCE : xiiiᵉ siècle (avec Saint Louis et Philippe le Bel) ; xviiᵉ siècle (Louis XIV) et début du xixᵉ siècle (Napoléon),
Apogée : de 1640 à 1690 et de 1805 à 1811.
ANGLETERRE : Commencement et milieu du xviiᵉ siècle ; Elisabeth et Cromwell ; 1ʳᵉ moitié du xviiiᵉ et tout le xixᵉ siècle.
Apogée : 1897 (Revue navale de Spithead pour le 50ᵉ anniversaire du règne de Victoria ; « consolidés » à 114 o/o).
ALLEMAGNE : xviᵉ siècle avec Charles-Quint et en général sous les Habsbourg d'Autriche de 1438 à 1618.
PRUSSE : 2ᵉ moitié du xviiiᵉ siècle avec Frédéric II ; 2ᵉ moitié du xixᵉ siècle et xxᵉ siècle jusqu'à juillet 1918 avec Guillaume Iᵉʳ et Guillaume II.
AUTRICHE : de 1815 à 1859 avec François II.
HONGRIE : xivᵉ siècle avec Charobert et son fils Louis Iᵉʳ ; 2ᵉ moitié du xvᵉ siècle avec Mathias Corvin.
BOHÈME : de 1336 à 1446, notamment avec l'empereur Sigismond (1ʳᵉ moitié du xvᵉ siècle).
TURQUIE : de 1350 à 1570, en particulier au xviᵉ siècle avec Soliman le Grand, et de 1656 à 1683 avec Kiuperli.
RUSSIE : début et fin du xviiiᵉ siècle avec Pierre le Grand et Catherine II ; de 1815 à 1850 avec Nicolas Iᵉʳ et de 1860 à 1900.
POLOGNE : xviᵉ siècle sous la dynastie des Jagellons, notamment avec Sigismond le Grand (1ʳᵉ moitié du siècle).
SUÈDE : de 1630 à 1706, notamment avec Gustave-Adolphe et sa fille Christine, Charles X, Charles XI et Charles XII.
DANEMARK : vers 1400 avec l'union de Calmar, sous la reine Marguerite (Danemark, Norvège et Suède).
HOLLANDE : 1ʳᵉ moitié du xviiᵉ siècle avec Maurice de Nassau, et 1ʳᵉ moitié du xviiiᵉ siècle avec Heinsius.
ESPAGNE : xviᵉ siècle avec Charles-Quint et son fils Philippe II.
PORTUGAL : de 1450 à 1550, sous la dynastie d'Aviz.
ITALIE : de 1859 à 1880 avec Victor-Emmanuel II et de 1900 à 1914 avec Victor-Emmanuel III.

Donc le xiiiᵉ siècle a vu l'apogée de la France ;

la 1ʳᵉ moitié du xivᵉ	—	la Hongrie ;
la 2ᵉ moitié du xivᵉ	—	la Hongrie, de la Turquie et de la Bohême ;
la 1ʳᵉ moitié du xvᵉ	—	du Danemark, de la Bohême et de la Turquie ;
la 2ᵉ moitié du xvᵉ	—	du Portugal, de la Hongrie et de la Turquie ;
la 1ʳᵉ moitié du xviᵉ	—	du Portugal, de l'Espagne, de l'Allemagne, de la Pologne et de la Turquie ;
la 2ᵉ moitié du xviᵉ	—	de l'Espagne, de l'Allemagne et de la Pologne ;
la 1ʳᵉ moitié du xviiᵉ	—	de la France et de la Hollande ;
la 2ᵉ moitié du xviiᵉ	—	de la France, de la Suède, de l'Angleterre et de la Turquie (jusqu'en 1683) ;
la 1ʳᵉ moitié du xviiiᵉ	—	de la Russie et de la Hollande ;
la 2ᵉ moitié du xviiiᵉ	—	de la Prusse, de l'Angleterre et de la Russie ;
la 1ʳᵉ moitié du xixᵉ	—	de la France, puis de l'Autriche, de la Russie et de l'Angleterre ;
la 2ᵉ moitié du xixᵉ	—	de la Prusse, de la Russie, de l'Angleterre (et de l'Italie jusqu'en 1880).

(1) Voir dans notre livre « A travers l'histoire » tableau VI, 3 : Apogée des peuples de l'Antiquité.

25° JAPON

L'empire japonais remonte à 660 av. J.-C. Vers le XIIe siècle, l'autorité fut remise par l'empereur (mikado) à un généralissime (shiogoun). Au-dessus du shiogoun étaient les princes feudataires (daïmios), qui possédaient tout le pays et avaient des vassaux (samouraïs). Le mikado ne garda plus qu'une suprématie nominale.

Au XIIIe siècle, le flamand Rubruqués et le vénitien Marco-Polo apprirent à l'Europe l'existence du Japon. Vers 1530, les Jésuites Portugais parvinrent à s'y introduire : ils convertirent un grand nombre d'habitants ; mais leurs succès donnèrent de l'ombrage et suscitèrent une persécution générale. En 1637, l'empereur fit déporter à Macao les Portugais ; les Hollandais, s'étant déclarés les adversaires des Jésuites, obtinrent le droit exclusif de commerce avec le Japon qui conclut plus tard des traités de commerce avec les Etats-Unis (1852), l'Angleterre (1854) et à la France (1858).

En 1868, une révolution mit fin au shiogonat et à la féodalité, et le mikado redevint le souverain effectif. Le grand empereur Mutsu-Hito (1867-1912) accorda à son peuple, le 12 octobre 1881, le régime constitutionnel qui fonctionne depuis 1889 et introduisit au Japon la civilisation européenne. Il déclara la guerre à la Chine en 1894, la battit au Yalou, lui prit Port-Arthur et Wei-haï-weih (2 février 1895) et conclut avec elle le traité de Simonoseki (avril). Il s'allia avec l'Angleterre (30 janvier 1902) et engagea en 1904 une guerre victorieuse contre la Russie qui n'avait pas tenu sa promesse d'évacuer la Mandchourie : il lui prit Port-Arthur après un siège de neuf mois (1er janvier 1905), la battit sur terre à Moukden (6-10 mars) et sur mer à Tsousima (27 août), lui coulant toute sa flotte. Enfin, entrés dans la guerre européenne le 23 août 1914 à la suite de leurs alliés les Anglais, les Japonais prirent aux Allemands leur importante colonie de Kiao-tcheou (20 août-9 nov.), et les îles Carolines, Mariannes et Marshall dans le Pacifique ; aux traités de 1919, ils conservèrent ces archipels, mais durent s'engager, sur la demande des Etats-Unis, à restituer à la Chine la province du Chantoung.

Apogée du Japon : depuis 1867.

7 A

DEUXIÈME PARTIE

Les Provinces Françaises

Formation territoriale de la France

La Gaule atteignait nos frontières naturelles : l'Océan Atlantique, les Pyrénées, la Méditerranée, les Alpes, le Jura, le Rhin. L'empire de Charlemagne les avait largement dépassées ; mais il fut démembré au traité de Verdun (843) et le royaume de France, limité à l'Est par la Meuse, la Saône et le Rhône, se divisa en d'innombrables seigneuries féodales.

Dès leur avènement (987), les *Capétiens* s'appliquèrent à reconstituer l'unité française. Dans cette œuvre séculaire, on peut distinguer six périodes :

1° XIᵉ *et* XIIᵉ *siècles*. Le domaine royal était d'abord restreint à l'Ile-de-France et à l'Orléanais, au centre du bassin parisien. Pendant deux siècles il ne s'agrandit que du Berry.

2° *Aux* XIIIᵉ *et* XIVᵉ *siècles*, surtout sous Philippe-Auguste, Saint Louis et Philippe le Bel, les progrès sont rapides : à l'ouest, la Normandie, la Touraine et le Poitou ; au sud, le Languedoc ; à l'est, la Champagne ; au sud-est, le Lyonnais et le Dauphiné.

3° *Au* XVᵉ *siècle*, après la guerre de Cent ans et les luttes de Louis XI contre les grands seigneurs féodaux, sont annexés : l'Aunis et la Saintonge, la Guyenne, la Bourgogne, le Maine, l'Anjou et la Provence.

4° *Au* XVIᵉ *siècle*, Louis XII acquiert en mariage la Bretagne ; François Iᵉʳ réunit à la couronne son duché d'Angoulême et confisque les biens du connétable de Bourbon : Bourbonnais, Auvergne et Marche ; puis, pendant les guerres de religion, les acquisitions se réduisirent à Calais et aux Trois-Evêchés (Metz, Toul et Verdun), par où les Français pénétrèrent en Lorraine.

5° *Aux* XVIIᵉ *et* XVIIIᵉ *siècles*, après la réunion du domaine personnel d'Henri IV (Béarn, Foix, Limousin), la France s'agrandit par conquête, sur toutes ses frontières : de la Bresse et du Bugey sous Henri IV ; de l'Alsace, de la Cerdagne et du Roussillon sous Louis XIII ; du Nivernais, de la Franche-Comté, d'une partie de la Flandre et de Strasbourg sous Louis XIV ; de la Lorraine et de la Corse sous Louis XV.

Ainsi les Capétiens avaient constitué la France (1), mais sans atteindre toutes les frontières naturelles de l'ancienne Gaule.

6° *De la Révolution à nos jours* : Elles furent conquises sous la Révolution (Savoie et Nice, Avignon, Montbéliard, Belgique et rive gauche du Rhin), mais perdues dans l'écroulement du premier Empire. Depuis, si la France les a recouvrées sur les Alpes (Savoie et Nice, 1860), elle a été rejetée du Rhin par la perte, en 1870, de l'Alsace et d'une partie de la Lorraine, qu'elle a recouvrées en nov. 1918.

(1) 1° *Par leur avènement au trône* : Louis XII en 1498 : l'Orléanais et le Valois ; François Ier en 1515 : l'Angoumois ; Henri IV en 1610 : le Béarn, la Gascogne, le Comté de Foix, le Limousin et le Périgord.

2° *Par leur mariage*, et définitivement : Philippe le Bel avec Jeanne, reine de Navarre, en 1284 : la Champagne. Charles VIII et Louis XII avec Anne, duchesse de Bretagne, en 1491 et 1499, la Bretagne. Louis XV avec la fille de Stanislas Leczinski (à la mort de celui-ci, 1766) : la Lorraine.

3° *Par héritage* : L'Amiénois et le Valois (1185), le comté de Toulouse (1271), l'Anjou (1480), le Maine et la Provence (1481), le comté d'Auvergne (1615).

4° *Par achat* : le Gâtinais (1068), le Vexin (1082), le Berry (1100), le Mâconnais (1238), le Lyonnais (1312), la Corse (1768).

5° *Par cession* : le Dauphiné (1349), l'Auxerrois (1370), Bouillon et Sedan (1642).

6° *Par confiscation* : la Normandie, le Maine, l'Anjou, la Touraine et le Poitou (1204), l'Alençon et l'Armagnac (1475), la Bourgogne, le Ponthieu, le Boulonais et l'Amiénois (1477), le Bourbonnais, la Marche et l'Auvergne (1527), le Charolais (1584).

7° *Par conquête* : L'Aunis et la Saintonge (1224), le Languedoc (1226-31), partie du Limousin (1370), la Normandie (1450), la Guyenne (1453), les Trois-Evêchés : Toul, Metz et Verdun (1552), Calais (1558), l'Alsace (1638), l'Artois (1640), le Roussillon et la Cerdagne (1642), la Flandre (1667), la Franche-Comté (1667 et 1673), le Cambraisis (1674 et 1677), Strasbourg (1681), Orange et Barcelonnette (1713).

Les anciennes Provinces Françaises

		RÉUNION A LA FRANCE
1° au Nord	La Flandre, capitale Lille.	Traité des Pyrénées (1659).
	L'Artois, capitale Arras.	Traité des Pyrénées (1659).
	La Picardie, capitale Amiens.	Louis XI en 1463.
	L'Ile-de-France, capitale Paris.	Hughes Capet en 987.
2° au Centre	L'Orléanais, capitale Orléans.	Hughes Capet en 987.
	Le Nivernais, capitale Nevers.	Dépossession du duc de Nevers (1789).
	Le Berry, capitale Bourges.	1601.
	La Touraine, capitale Tours.	A la mort du duc d'Alençon (1584).
	Le Limousin, capitale Limoges.	Charles V en 1369.
	Le Bourbonnais, capitale Moulins.	Confisqué sur le Connétable en 1527.
	La Marche.	Confisqué sur le Connétable en 1527.
	L'Auvergne, cap. Clermont-Ferrand.	Louis XIII en 1614.
	Le Lyonnais, capitale Lyon.	Philippe le Bel en 1312 et François Ier (Beaujolais et Forez).
3° à l'Est	La Champagne, capitale Troyes.	Mariage de Philippe le Bel (1284).
	La Lorraine, capitale Nancy.	A la mort de Stanislas (1766).
	L'Alsace, capitale Strasbourg.	Traité de Munster (1648).
	La Franche-Comté, cap. Besançon.	Traité de Nimègue (1678).
	La Bourgogne, capitale Dijon.	A la mort de Charles le Téméraire (1477).

4° au Sud-Est	La Savoie, capitale Chambéry.	Cédée par Victor-Emmanuel en 1860.
	Le Dauphiné, capitale Grenoble.	Cédée par Humbert II à Philippe VI en 1343-49.
	Le Comtat-Venaissin, cap. Avignon.	Réuni par l'Assemblée législative en 1791.
	La Provence, capitale Aix.	Charles VIII en 1487.
	Le Comté de Nice, capitale Nice.	Cédé par Victor-Emmanuel en 1860.
	La Corse, capitale Bastia.	Vendue par Gênes en 1767.
5° à l'Ouest	La Normandie, capitale Rouen.	Charles VII en 1450.
	La Bretagne, capitale Rennes.	Mariages d'Anne en 1491 et 1499.
	Le Maine, capitale Le Mans.	A la mort du duc d'Alençon (1584).
	L'Anjou, capitale Angers.	Louis XI en 1481.
	Le Poitou, capitale Poitiers.	A la mort du duc de Berry (1401).
	L'Aunis, capitale La Rochelle.	Charles V en 1371.
	La Saintonge, capitale Saintes.	Charles V en 1375.
	L'Angoumois, capitale Angoulême.	Avènement de François Ier en 1515.
6° au Sud-Ouest	La Guyen^{ne} et Gasco^{gne}, c. Bordeaux.	Charles VII en 1453.
	Le Languedoc, capitale Toulouse.	Philippe le Hardi en 1271.
	Le Roussillon, capitale Perpignan.	Traité des Pyrénées en 1659.
	Le Comté de Foix, capitale Foix.	Avènement d'Henri IV en 1589.
	Le Béarn, capitale Pau.	Louis XIII en 1620.

1° FLANDRE

La Flandre fut conquise en 486 par Clovis et sous ses descendants fit partie de la Neustrie ; elle fut comprise dans le royaume de France par le traité de Verdun (843).

En 862, elle fut érigée en comté, vassal des rois de France, en faveur de Baudoin Bras de Fer, gendre de Charles le Chauve, dont la famille le conserva jusqu'en 1119.

En 1128, Thierry d'Alsace, fils de Thierry, duc de Lorraine, posséda ce comté et le transmit à ses descendants. La Flandre prit souvent parti pour l'Angleterre contre la France. Elle passa, après la mort de la comtesse Marguerite II à son fils Gui de Dampierre (1280). La révolte de Gui contre Philippe le Bel en 1297 fut suivie de la conquête de son comté et de la réunion à la couronne de France ; mais en 1302 les Flamands s'insurgèrent, battirent le roi à Courtrai, et, quoique vaincus à Mons-en-Puelle, obtinrent qu'on leur rendit leurs comtes (1304). En 1337, les villes flamandes, à l'instigation du premier Arteveld, reconnurent comme roi de France Edouard III d'Angleterre, ce qui fut une des causes de la guerre de Cent ans. En 1382, elles se révoltèrent sous la conduite de Philippe Arteveld contre Louis II, leur comte, qui appela les Français à son secours : elles s'attirèrent ainsi la défaite de Rosebecque.

A la mort de Louis II le Mâle (1384), la dynastie française de Valois-Bourgogne remplaça celle des Dampierre par le mariage de Philippe II le Hardi, duc de Bourgogne, avec Marguerite, fille de Louis II. Cette époque fut pour les villes de Flandre (Gand, Bourges, Ypres, etc.) un temps de splendeur et de prospérité.

Après la mort de Charles le Téméraire (1465-77), le comté de Flandre échut à sa fille Marie ; celle-ci, en épousant l'archiduc Maximilien (1477), porta ce comté avec toutes ses dépendances (comtés d'Artois et de Nevers, Franche-Comté) dans la maison d'Autriche ; de là les longues guerres de la France avec cette maison. En 1526, le traité de Madrid, en abolissant la vassalité de la Flandre, brisa le dernier lien qui attachait ce pays à la France. Charles-Quint l'incorpora aux dix-sept provinces qui formèrent le cercle de Bourgogne et au partage de ses Etats, en 1556, la laissa à l'Espagne.

Le traité des Pyrénées (1659) rendit à la France quelques villes de la Flandre et de l'Artois. Celui de Nimègue (1678) lui donna tout l'Artois, une partie de la Flandre et du Hainaut, plus Cambrai.

La paix d'Utrecht (1713) conféra la Flandre non française à la maison de Habsbourg ; elle passa en 1740 à la maison de Lorraine-Autriche, mais toujours en restant partie intégrante de l'empire germanique. Les Français occupèrent la Flandre impériale de 1792 à 1814. Puis elle fut donnée au roi des Pays-Bas et resta à la Belgique en 1830.

2° ARTOIS

L'Artois, conquis au V° siècle par les Franks, fut donné en 863 par Charles le Chauve à Judith, sa fille, qui épousa Baudoin, Bras de Fer, comte de Flandre. Possédé longtemps par les comtes de Flandre, il fut réuni à la couronne par Philippe-Auguste en 1180, puis donné en 1227 avec titre de comté par Saint Louis à son frère Robert. Il passa aux ducs capétiens de Bourgogne, puis transmis à Louis II le Mâle (1382) : sa fille le fit entrer, en même temps que les comtés de Flandre et de Nevers, dans la maison des ducs capétiens Valois de Bourgogne (1384) ; (voir ci-dessus Flandre).

Cédé à Louis XI par le 3° traité d'Arras (1482), restitué à Maximilien par Charles VIII au traité de Senlis (1493), il fut enfin conquis par la France en 1640 et lui fut assuré par le traité des Pyrénées (1659), sauf Aire et St-Omer, cédées par l'Espagne au traité de Nimègue (1678).

3° PICARDIE

La Picardie fut conquise au V° siècle par Clodion, chef des Franks, qui fit d'Amiens sa capitale ; elle fit partie du royaume de Soissons, puis de Neustrie et passa ensuite aux comtes de Flandre.

Envahie par les Anglais sous Philippe VI de Valois et Charles VI, elle fut reconquise par Charles VII qui la céda, ainsi que l'Artois, par le traité d'Arras, aux ducs de Bourgogne (1435) ; Louis XI la réunit à la couronne de France en 1463.

4° NORMANDIE

La Normandie, conquise par Clovis, fit partie des royaumes de Soissons, puis de Neustrie. Sous les Carolingiens, elle fut sans cesse ravagée par les pirates normands ou danois. Ils s'y établirent en 911 sous la conduite de Rollon qui épousa Gisèle, fille du roi de France Charles le Simple (912). Rollon et ses successeurs possédèrent la Normandie (traité de St-Clair-sur-Epte) avec le titre de ducs et comme vassaux des rois de France. L'un d'eux, Guillaume le Bâtard, ayant conquis l'Angleterre (Hastings, 1066), devint roi de ce pays, tout en restant vassal du roi de France pour son duché de Normandie.

En 1203, Philippe-Auguste confisqua cette province sur Jean sans Terre lorsque celui-ci, après avoir assassiné son neveu Arthur, héritier du duché, eut refusé de comparaître devant la cour des Pairs de France, et il le réunit à la couronne. Mais en 1346, Edouard III, roi d'Angleterre, l'envahit et s'en empara. Charles V la reprit, Charles VI la perdit ; mais elle fut définitivement reconquise sous Charles VII (1450)

La monarchie française lui conserva ses libertés, sa Coutume, rédigée en 1250, son grand tribunal (l'Echiquier), sa Charte et ses Etats particuliers qui durèrent jusqu'à Louis XIV.

5° ILE-DE-FRANCE

L'Ile-de-France, primitivement comprise entre la Seine, la Marne, l'Ourcq, l'Aisne et l'Oise, comprenait l'Ile-de-France proprement dite, la Brie, le Gâtinais, le Hurepois, le Mantois, le Vexin, le Thimerais, le Beauvaisis, le Valois (1), le Soissonnais, le Noyonnais et le Laonnais, et avait pour capitale Paris. Elle a toujours fait partie du domaine de la couronne, sauf à la fin de la dynastie carolingienne, époque où les ducs de France en possédaient la plus grande partie. Ils l'y firent rentrer par leur avènement au trône de France (Hughes Capet en 987).

(1) Le *Valois*, pays situé entre le Soissonnais, la Champagne, la Brie, l'Ile-de-France et le Beauvaisis, forma au moyen-âge un fief qui en 1284 fut donné en apanage, avec le titre de comté, par Philippe III le Hardi à son fils puîné. Charles, père de Philippe de Valois (le roi Philippe VI) et tige de la branche des Valois.

6° ORLEANAIS

L'Orléanais (Sologne, Blaisois, Gâtinais, Vendômois, Beauce, Dunois, Perche-Gouët) fut, sous les Mérovingiens, compris dans le royaume d'Orléans, puis dans la Neustrie. Il faisait partie en 987 des domaines d'Hughes Capet, qui se trouvait à la fois possesseur du fief (duché de France) et de l'arrière-fief (comté d'Orléans, devenu principauté indépendante à la fin du IX° siècle) : ce fut là la base solide du domaine royal nouveau et par suite du pouvoir royal.

Il fut souvent séparé de la couronne pour être donné en apanage, depuis 1344, date à laquelle Philippe VI l'érigea en duché. Les principaux ducs furent Louis XII, petit-fils du 2° fils de Charles V (Louis, chef de la 1re maison d'Orléans) ; Gaston, frère de Louis XIII ; Philippe, frère de Louis XIV, chef de la 2° maison d'Orléans et de la branche cadette des Bourbons. Son 5° descendant, Louis-Philippe, monta sur le trône en 1830 et laissa le titre à son fils aîné (grand-père du duc d'Orléans actuel, Philippe VIII). (Voir dans notre livre « A travers l'Histoire » les tableaux VIII, 4 et XIII, 5).

7° BRETAGNE

L'Armorique reçut au VI° siècle les Bretons de Grande-Bretagne, chassés par les Saxons ; ils furent sans cesse en lutte avec les Gallo-Romains et les Franks.

En 799, toute la Bretagne reconnut l'autorité de Charlemagne ; au IX° siècle, il se forma un puissant empire celtique, mais au XII° siècle le pays fut gouverné par des princes français.

En 1171, après la mort de Conrad IV, Constance, sa fille, porta la Bretagne en dot à Geoffroy, fils du roi d'Angleterre Henri II, puis elle régna avec son propre fils Arthur, qui périt en 1202, assassiné par son oncle Jean-sans-Terre. La Bretagne passa dans de nouvelles mains par le mariage d'Alix, fille et héritière de Constance, avec Pierre de Dreux, dit Meauclerc (1213), arrière-petit-fils de Louis VI. Pierre commença une 4° dynastie — la dynastie capétienne de Bretagne — qui régna jusqu'en 1488. La guerre de la succession de Bretagne entre la maison de Blois, appuyée par la France, et celle de Montfort, soutenue par l'Angleterre, se termina en 1364 en faveur de Montfort, par la bataille d'Auray, suivie du traité de Guérande (1365). Son triomphe rendit longtemps la Bretagne hostile à la France, surtout pendant la guerre de Cent ans et sous Louis XI.

La mort du duc François II en 1488 laissa le duché de Bretagne à sa fille unique Anne, qui épousa successivement deux rois de France (Charles VIII, 1491 et Louis XII, 1499), et dont la fille Claude, après avoir épousé François Ier (1514) assura à la France ce bel héritage. La réunion solennelle eut lieu en 1532.

8° ANJOU

Après la chute de l'empire romain, l'Anjou entra dans la confédération armoricaine, puis fut conquis par le roi frank Childéric. Il fut érigé en comté par Charles le Chauve en 864 pour Robert le Fort, puis donné à un guerrier breton, Tertulle. Louis le Bègue confirma dans cette donation le fils de Tertulle, Ingelger, en augmentant ses domaines. C'est de cette maison que sont issus les Plantagenets qui ont régné sur l'Angleterre de 1154 à 1485 : Geoffroy V Plantagenet, comte d'Anjou ayant épousé en 1127 Mathilde, fille du roi d'Angleterre Henri Ier, donna naissance au roi Henri II.

Les rois d'Angleterre possédèrent jusqu'en 1203 le comté d'Anjou, vassal du roi de France. L'Anjou fut alors confisqué sur Jean-sans-Terre qui avait fait périr son neveu Arthur, dernier héritier du comté, et Philippe-Auguste le réunit à la couronne.

En 1226, Louis VIII laissa par testament l'Anjou et le Maine à Charles, son plus jeune fils, qui devint chef d'une nouvelle maison d'Anjou : elle régna sur Naples et la Sicile de 1266 à 1282 et sur Naples de 1282 à 1382 (voir Italie).

En 1290, une petite-fille de Charles, Marguerite, apporta l'Anjou et le Maine à Charles, comte de Valois, dont le fils, devenu roi de France sous le nom de Philippe VI, réunit ces deux provinces à la couronne.

En 1360, le roi Jean II érigea l'Anjou en duché en faveur de son 2e fils Louis, qui devint le chef d'une deuxième branche (à laquelle appartint « le bon roi René ») de rois de Naples de la maison d'Anjou (1382-1442). Le dernier rejeton de cette famille, Charles IV, institua Louis XI son héritier, et l'Anjou fut irrévocablement réuni à la couronne en 1481.

9° MAINE

L'histoire du Maine (comté héréditaire au X° siècle), compris dans les possessions des comtés d'Anjou, fut celle de l'Anjou. Henri II le donna en apanage à son 3° fils Henri (depuis Henri III) qui le céda à son frère François, duc d'Alençon. Celui-ci étant mort sans enfant en 1584, le Maine fut alors définitivement réuni à la couronne.

10° TOURAINE

La Touraine fut successivement soumise aux Visigoths (480), à Clovis, après Vouillé (507), à Clodomir, roi d'Orléans (511), à Clotaire roi de Soissons, à Caribert roi de Paris, à Sigebert roi d'Austrasie, enfin à Dagobert (622) ; depuis elle resta toujours attachée à la Neustrie dont elle forma un des plus importants comtés.

En 800, Charlemagne la comprit dans le royaume d'Aquitaine donné à Louis le Débonnaire, mais il l'en détacha en 806 (partage de Thionville).

En 941, Thibaut le Tricheur, déjà comte de Chartres et de Blois, devint maître du comté de Tours ; un de ses petits-fils, Eudes II, devint comte de Champagne et de Brie, à la mort d'Etienne Ier qui possédait ce double comté (voir Champagne).

L'héritier d'Eudes, Thibaut III, battu à Nouy (1045) par Geoffroy II, comte et duc d'Anjou, dut lui céder la Touraine ; par suite elle passa aux mains des Anglais quand les Plantagenets, ducs d'Anjou, montèrent sur le trône d'Angleterre. Philippe-Auguste la confisqua en 1203. Mais elle n'a été définitivement réunie à la couronne qu'à la mort de François, duc d'Alençon, frère d'Henri III (1584).

11° BERRY

L'histoire du Berry est celle de la Touraine jusqu'en 507. Il fut alors gouverné par des comtes qui se rendirent héréditaires sous Charles le Chauve. Vers 1200, Hirpin, vicomte de Bourges, vendit son fief à Philippe Ier, roi de France.

Erigé en duché par Jean le Bon en 1360, il fut donné plusieurs fois en apanage, et à la mort (1601) de Louise, veuve du roi Henri III, il fut définitivement réuni à la couronne.

12° POITOU

Le Poitou, soumis aux Visigoths puis aux Franks depuis 507, suivit le sort de l'Aquitaine (voir ci-dessous Guyenne). Reconquis par Pépin le Bref, il reçut de Charlemagne en 778 un comte particulier, Ablon, dont un des successeurs, Aldebert, prit en 990 le titre de duc d'Aquitaine. Eléonore, héritière du Poitou, le porta avec le reste de l'Aquitaine, d'abord au roi de France Louis VII (1137), puis (1152) à Henri, comte d'Anjou, depuis roi d'Angleterre. Philippe-Auguste le confisqua sur Jean sans Terre en 1203 et le reconquit en 1205, conquête qui fut confirmée par le traité d'Abbeville (1259). Saint Louis le donna en apanage à son frère Alphonse ; ce prince étant mort sans enfant, le Poitou revint à la couronne sous Philippe le Hardi (1271.

Les Anglais redevinrent maîtres du Poitou en 1356 et le traité de Brétigny le leur concéda (1360). Charles V le recouvra en 1369, et le donna à son frère Jean, duc de Berry. A la mort du fils de ce dernier, le Poitou fut réuni définitivement.

13° AUNIS

L'Aunis dépendit des Visigoths (419), des Franks (507), du Poitou, enfin de l'Aquitaine (1130) dont il suivit la destinée. Louis VIII l'enleva aux Anglais en 1224 ; Jean II le leur restitua en 1360 ; le pays se donna au roi de France Charles V en 1371.

14° SAINTONGE

L'histoire de la Saintonge est la même que celle de l'Aunis jusqu'en 1224. Elle fut conquise sur les Anglais par Duguesclin en 1371 et réunie à la couronne par Charles V en 1375.

15° ANGOUMOIS

Le comté d'Angoulême fut joint en 866 au comté de Périgord. Sous Taillefer, le comté devient arrière-fief de la couronne et fief du duché de Périgord (voir Aquitaine, Guyenne). Mathilde, fille du dernier comte de Périgord et d'Angoulême Vulgrin III mort en 1181, porta le comté à Hughes IX, sire de Lusignan, et comte de la Marche. Le comté d'Angoulême fut réuni à la couronne en 1318, donné à Philippe d'Evreux en 1328, confisqué sur Charles le Mauvais en 1351, cédé aux Anglais en 1360, repris en 1372.

Il devint ensuite l'apanage de Louis, duc d'Orléans, frère de Charles V, et passa à son fils puîné Jean, qui fut la tige des Valois-Angoulême. François Ier, comte d'Angoulême, petit-fils de Jean, fit de ce comté un duché qu'il donna à sa mère Louise de Savoie et qu'il réunit à sa mort. Il fut donné en apanage de 1574 à 1650, et depuis, le titre de duc d'Angoulême ne fut plus que nominal.

16° GUYENNE ET GASCOGNE

Le grand gouvernement de Guyenne et Gascogne, le plus vaste de l'ancienne France, était formé de ces deux régions et avait pour capitale Bordeaux. Le nom de Guyenne fut longtemps synonyme d'Aquitaine et ne fut employé qu'au début du XIVe siècle. Son histoire est celle de l'Aquitaine et de la Gascogne.

L'*Aquitaine* fut conquise par les Wisigoths (419), puis par Clovis (507) qui la réunit au royaume des Franks. Dagobert l'en démembra en 628 et en fit un royaume qu'il donna à son frère Caribert. A la mort de Childéric, fils de Caribert (631), le royaume d'Aquitaine devint un duché indépendant.

Charlemagne s'en empara en 768 et en fit un royaume qu'il donna à son fils Louis le Débonnaire qui le céda à son fils Pépin. Charles le Chauve, 4e fils de Louis le Débonnaire, l'enleva en 848. Lorsque Louis II le Bègue, fils de Charles, monta sur le trône de France en 877, l'Aquitaine fut de nouveau érigée en duché héréditaire, en faveur de Ranulph Ier, fils de Bernard, comte de Poitiers. L'Aquitaine ou Guyenne comprenait les fiefs de Gascogne (depuis le VIIe siècle), d'Armagnac (1), de Fezensac, du Périgord (1), du Poitou, du comté d'Angoulême et de la Marche.

En 1137, le mariage d'Eléonore, fille de Guillaume X, dernier duc d'Angoulême et comte de Poitiers, avec Louis VII réunit pour un instant cette province à la couronne de France. Mais après le divorce impolitique de ce prince (1152), Eléonore épousa Henri Plantagenet, depuis roi d'Angleterre, et par là la Guyenne passa entre les mains des rois d'Angleterre. Confisquée sur Edouard III par arrêt du Parlement en 1370, elle fut réunie à la France sous Charles VII en 1453. Louis XI la détacha pour la donner en apanage à son frère Charles ; depuis la mort de ce dernier (1472), elle resta toujours unie au domaine royal.

17° LIMOUSIN

Le Limousin, soumis par les Visigoths, fut ensuite possédé par les comtes d'Aquitaine et en 1152 par les rois d'Angleterre. Philippe-Auguste s'en empara en 1203, Saint Louis le rendit aux Anglais en 1259 et il revint à la couronne sous Charles V en 1369

18° AUVERGNE

Les Arverni — qui ont donné leur nom à l'Auvergne — furent un des peuples les plus puissants de la Gaule et leur chef Vercingétorix, le plus opiniâtre adversaire de César : sa soumission en-

---

(1) L'*Armagnac* fut réuni à la couronne en 1481 par Louis XI, puis vendu par Charles VIII. Henri IV en hérita de sa mère Jeanne d'Albret en 1607 ainsi que du Périgord.

traîna celle de la Gaule entière. L'Auvergne fut ensuite conquise par les Visigoths (475) et par Clovis (507). Elle devint un comté dépendant de l'Aquitaine et passa avec elle sous la domination des Anglais.

En 1155, elle fut divisée en deux parties : le Dauphiné (Limagne et Clermont) qui passa par mariage à la maison de Bourbon-Montpensier (1428), et le Comté d'Auvergne qui échut par mariage à la famille de la Tour (fin du XIIIᵉ siècle). La comtesse Anne le légua en 1524 à Catherine de Médicis, dont la fille, Marguerite de Valois, le donna à Louis XIII.

19° MARCHE

La Marche, détachée au Xᵛ siècle de l'Aquitaine, eut des comtes particuliers. Philippe le Bel la confisqua en 1309 et la légua à son 3° fils, Charles le Bel. Celui-ci l'échangea en 1327 contre le comté de Clermont en Beauvaisis, qui appartenait à Louis Iᵉʳ de Bourbon. La Marche passa ensuite à Jacques de Bourbon (2° fils de Louis), puis par mariage dans les maisons d'Armagnac, de Bourbon-Beaujeu et de Bourbon-Montpensier. Elle fut confisquée en 1525 sur le Connétable de Bourbon par François Iᵉʳ qui la réunit à la couronne en 1531.

20° BOURBONNAIS

Le Bourbonnais, qui formait autrefois le domaine des sires de Bourbon (1), fut réuni à la couronne après la défection du connétable en 1527.

(1) La 1ʳᵉ *maison de Bourbon* (913-1218), issue d'Adhemar, qui descendait de Childebrand, frère puiné de Charles-Martel, s'éteignit dans la personne d'Archambault VIII qui ne laissa qu'une fille, Mahaut.

La 2° maison a pour chef Guy, sire de Dampierre, qui épousa Mahaut en 1197.

La 3ᵉ maison a pour chef un capétien : Robert, 6ᵉ fils de Saint-Louis, qui épousa en 1272 Béatrix de Bourbon, héritière par sa mère de la 2ᵉ maison, et dont descendit Henri IV.

Voir dans notre livre : *A travers l'Histoire*, le tableau (IX, 3) complet de la 3ᵉ maison de Bourbon.

21° LYONNAIS

Le Lyonnais, après avoir appartenu aux Bourguignons (413) et aux Franks (534), devint un comté particulier qui fut réuni à la couronne : le Lyonnais en 1312 sous Philippe le Bel ; le Beaujolais et le Forez sous François Ier.

22° NIVERNAIS

Le Nivernais, donné par Louis le Débonnaire à son fils Pépin roi d'Aquitaine, devint un comté particulier à la fin du IXe siècle. En 1184, Agnès, héritière des comtes, épousa Pierre de Courtenay et n'eut que des filles. Le comté passa dans les maisons de Donzy, de Châtillon, de Bourbon, de Bourgogne et de Flandre (1199-1272). Marguerite de Flandre, héritière du dernier comte, l'apporta à son époux Philippe le Hardi, duc de Bourgogne. En 1454, il échut par mariage à Jean Ier, duc de Clèves, en 1565 aux Gonzague. Mazarin acheta en 1659 le Nivernais (duché-pairie depuis 1538) et le légua à son neveu Ph. Mancini, dont la famille en fut dépossédée en 1789.

23° BEARN

Le Béarn fit, comme toute l'Aquitaine, partie de l'empire carolingien. Il devint au Xe siècle un vicomté héréditaire qui passa dans les maisons de Foix (1290), d'Albret (1485), de Bourbon (1550) et ne fut réuni à la France que par Louis XIII en 1620.

24° COMTE DE FOIX

Le Comté de Foix, qui appartint successivement aux Visigoths, aux Mérovingiens, aux ducs d'Aquitaine, aux Carolingiens, enfin au comté de Carcassonne, passa en 1290 à la vicomté de Béarn, et, par mariage, à Eléonore, reine de Navarre (1) (1479). Enfin Navarre et Comté de Foix échurent à Jean, sire d'Albret, qui avait épousé Catherine, petite-fille d'Eléonore.

25° ROUSSILLON

Le Roussillon, dominé par les Visigoths (462), puis par les Arabes (720), fut délivré par Pépin le Bref en 759 et eut dès lor: des comtes de race franque qui se rendirent bientôt héréditaires ; le dernier d'entre eux le légua en 1172 à Alphonse II d'Aragon. Il fut engagé à Louis XI pour 300.000 écus d'or (1462) ; mais Charles VIII le restitua à Ferdinand le Catholique en 1493. Louis XIII le conquit en 1640 et le traité des Pyrénées en garantit la possession à la France (1659). Le même traité nous cédait la *Cerdagne*, qui eut des comtes particuliers du IXe au XIIe siècle et fut ensuite réunie au comté de Barcelone.

26° LANGUEDOC

Le Languedoc fut appelé Septimanie par les Romains et Gothie par les Visigoths. Sous la domination des Franks, il forma le duché de Septimanie qui se confondit au Xe siècle avec *le comté de Toulouse*, créé par Charles le Chauve en 849 et dont dépendaient au Xe siècle les comtés de Quercy, d'Albi, de Carcassonne, de Nîmes, de Béziers et de Foix et qui hérita au XIe siècle du marquisat de Provence.

(1) En 1035, le royaume de *Navarre* se partagea en trois royaumes : Navarre, Castille et Aragon (voir Espagne). La Navarre appartint à l'Aragon de 1076 à 1134, devint royaume indépendant, puis passa en 1232 à Thibaut, comte de Champagne, fils de l'héritière de Navarre. Le mariage de Jeanne Ire, reine de Navarre, avec Philippe le Bel (1285) unit ce pays à la France. En 1328, sa petite-fille Jeanne, exclue du trône de France par la loi salique, garda la Navarre, qui depuis passa successivement aux maisons d'Evreux, de Foix, d'Aragon et d'Albret. En 1512, Ferdinand le Catholique, roi de Castille et d'Aragon, enleva à Jean d'Albret toute la Haute-Navarre qui est toujours depuis restée à l'Espagne, ne lui laissant que la Basse-Navarre, au nord des Pyrénées. Celle-ci passa dans la maison de Bourbon par le mariage de Jeanne d'Albret avec Antoine de Bourbon. Leur fils Henri (IV) monta sur le trône de France en 1589 et ses successeurs ajoutèrent le titre de roi de Navarre à celui de roi de France.

A la suite de la croisade contre les Albigeois, Amaury de Montfort céda le comté de Toulouse à Louis VIII, cession confirmée en 1229. Saint Louis le donna à son frère Alphonse, gendre du dernier comte ; il mourut sans enfant ; la province fut alors réunie par Philippe le Hardi en 1271.

Narbonne, qui dépendait du comté de Toulouse, passa au XVᵉ siècle aux comtes de Foix. En 1507, Gaston de Foix le céda à Louis XII contre le duché de Nemours.

27ⁿ PROVENCE

La Provence, où les Phocéens avaient fondé Marseille en 600, fut possédée par les Romains, les Visigoths, les Ostrogoths, enfin par les fils de Clovis. Au traité de Verdun (843), elle échut à Lothaire (fils aîné de Louis le Débonnaire), qui la laissa à son 3ᵉ fils Charles ; elle fit alors partie du royaume de Bourgogne transjurane (voir ci-après). Charles le Chauve, 4ᵉ fils de Louis le Débonnaire, s'en rendit ensuite maître et en confia le gouvernement à Boson, son beau-frère, qui se fit élire roi (879). Rodolphe II, déjà roi de la Bourgogne transjurane, joignit en 933 à ses possessions la Bourgogne cisjurane qui comprenait la Provence ; ce nouvel Etat, qui prit le nom de *Royaume d'Arles*, subsista jusqu'en 1032. Conrad II le réunit alors à l'empire d'Allemagne, tout en laissant à la Provence ses comtes particuliers, héréditaires en 1063. De 1112 à 1245, elle fut aux mains des princes de Barcelone. En 1246, Béatrice (1), héritière du comté, ayant épousé Charles d'Anjou, frère de Saint Louis, la Provence passa à la maison d'Anjou, et par suite fut longtemps réunie au royaume de Sicile (voir Italie). En 1481, à la mort de Charles du Maine, comte de Provence, elle fut réunie par Louis XI à la couronne, et définitivement par Charles VIII en 1487.

---

(1) Béatrice était la 4ᵉ fille du comte de Provence Raymond Bérenger IV. Sa sœur aînée, Marguerite, avait épousé Saint Louis.

28º COMTE DE NICE

Le comté de Nice, qui appartint à la Savoie de 1388 à 1792, fut réuni en 1792, après avoir été conquis à trois reprises par les Français : en 1453, en 1691 (Catinat) et en 1705 (Berwick). Il fut donné en 1814 aux Etats Sardes et revint à la France en 1860 (voir Italie et Savoie).

29º COMTAT VENAISSIN

Ce pays passa aux Bourguignons, aux Franks, aux comtes d'Arles (1054), à ceux de Toulouse (1125), puis par mariage à Alphonse, frère de Saint-Louis (1237). A sa mort (1271), le roi Philippe III s'en empara et le céda au pape Grégoire X en 1274. Le Comtat Venaissin ne cessa dès lors d'appartenir au Saint-Siège jusqu'à ce qu'en 1791 l'Assemblée législative le déclara réuni à la France ainsi qu'*Avignon* que Jeanne, reine de Naples et comtesse de Provence, avait vendu en 1346 au pape Clément VI.

30º DAUPHINE

Le Dauphiné fit partie du royaume des Burgundes, de la Bourgogne cisjurane, du royaume d'Arles, puis devint en 1063 comté de Vienne. Les titulaires de ce comté (dynasties d'Albon 1063-1212, de Bourgogne 1212-81 et de la Tour du Pin 1281-1349) se qualifiaient Dauphins.

En 1343-49, Humbert II, héritier de la maison de la Tour du Pin, assura cette province à Philippe VI de Valois, à condition que le fils aîné du roi de France prendrait toujours le nom de Dauphin : il en fut ainsi jusqu'à la Révolution.

31º SAVOIE

La Savoie, après avoir fait partie de l'empire romain et de celui de Charlemagne, passa en 888 sous la domination de Rodolphe, roi de la Bourgogne transjurane. Elle fut réunie à l'empire germanique par Conrad II le Salique, qui l'érigea (1027-34) en comté en faveur d'Humbert aux Blanches Mains, tige des comtes de Savoie ; elle devint duché en 1416.

La Savoie fit de 1027 à 1860 partie du *royaume de Sardaigne:* il eut pour origine le comté de Maurienne dont les possesseurs, vassaux des rois d'Arles dès 999, devinrent en 1027 comtes de toute la Savoie. Ils y réunirent le comté de Saxe (voir Allemagne), puis Turin (1091) et eurent le vicariat de l'empire en Piémont et en Lombardie. A la mort (1285) de Philippe, comte de Savoie, qui ne laissait pas d'enfant, la maison de Sardaigne se partagea en trois branches : Vaud, Piémont et Savoie, formées par ses trois neveux. Les deux premières cessèrent de régner en 1359 et en 1418.

La branche de Savoie, qui eut pour tige Amédée V, avait réuni la Bresse, le Bugey, les baronnies de Vaud, de Gex et de Valromey. Amédée VIII, premier duc de Savoie (en 1416), qui devint le pape Félix V, y ajouta le Valais (1), le Genevois (2) et le comté de Nice (3) ; en outre, il hérita du Piémont (1418). Puis la Savoie tomba sous l'influence française jusqu'à la paix de Cateau-Cambrésis (1559) qui lui rendit son duc (Emmanuel-Philibert). Charles-Emmanuel conquit en 1588 le marquisat de Saluces ; mais par la paix de Lyon (1601), il céda la Bresse et le Bugey à Henri IV. Victor-Amédée II obtint de l'Autriche le Montferrat (1708), et à la paix de Rastadt (1714), il reçut la Sicile qu'il fut forcé en 1720 d'échanger contre la Sardaigne (voir Autriche). A dater de ce moment, les ducs de Savoie prirent le nom de *rois de Sardaigne.*

Charles-Emmanuel fut pendant la Révolution dépouillé de tous ses Etats de terre ferme ; il régna sur la Sardaigne et abdiqua en 1802 en faveur de son frère Victor-Emmanuel. Celui-ci recouvrit en 1814 la Savoie et le Piémont et reçut en outre la république de Gênes et le comté de Nice (voir Italie). Après de nombreuses

(1) Le *Bas-Valais* seul appartenait aux comtes de Savoie ; l'évêque de Sion, qui possédait le Haut-Valais, conquit tout le pays qui entra en 1553 dans la Confédération helvétique (voir Suisse).

(2) *Genève,* à l'extinction des comtes du Genevois (1410), appartint aux ducs de Savoie. Ceux-ci perdirent Genève en 1524, érigèrent le Genevois en duché en 1564 et le réincorporèrent en 1659 ; sauf de 1792 à 1815, il a jusqu'en 1860 toujours appartenu à la Savoie.

(3) La ville de *Nice* s'était donnée en 1388 à Amédée VII, comte de Savoie ; elle fut agrandie par ses successeurs.

luttes avec l'Autriche, Victor-Emmanuel II, grâce à Napoléon III, délivra l'Italie de la domination autrichienne et fut proclamé, le 17 mars 1861, *roi d'Italie ;* il donna à la France la Savoie et le comté de Nice en 1860, et cette union a été aussitôt confirmée par le suffrage universel des habitants.

32° BOURGOGNE

La Bourgogne doit son nom aux Burgundes, peuple teutonique qui envahit la Gaule (dans le Haut-Rhin) en 406, et y fonda (Gondicaire) en 411 le *premier royaume de Bourgogne.* Il comprenait une partie de l'Alsace et de la Suisse et tout le bassin du Rhône (moins la partie comprise entre la Durance et la mer) et dura jusqu'en 534. Les fils de Clovis réunirent alors la Bourgogne à l'empire des Franks. Charlemagne l'érigea en duché. Au traité de Verdun (843), la Bourgogne entra en partie (à l'ouest du Rhône et de la Saône) dans le lot de Charles le Chauve ; mais tout le reste (vallées du Rhône et de la Saône et la Suisse jusqu'à la Reuss) fut donné à Lothaire I*r, fils aîné de Louis le Débonnaire ; à son abdication (855), elle se sépara de la Lotharingie et se scinda en deux régions formant :

1° au nord, un *duché de Bourgogne* (Bourgogne propre), compris entre le Rhône, le Jura et le Rhin) ;

2° au sud, un *second royaume de Bourgogne,* qui se sépara en *Bourgogne cisjurane* et *Bourgogne transjurane.*

a) Boson, comte d'Autun, beau-frère de Charles le Chauve et gendre de Louis II (roi d'Italie et empereur, fils aîné de Lothaire I*r), se fit élire en 879 roi de la *Bourgogne cisjurane ;* son royaume comprenait la Provence (dont le 1*r roi fut Charles, 3*e fils de Lothaire I*r), le Comtat Venaissin, le Dauphiné, le Bugey, la Bresse et la partie du Languedoc entre la Loire et le Rhône. Il eut pour successeur son fils Louis l'Aveugle (887-923) puis Hughes de Provence.

b) Rodolphe, comte d'Auxerre, s'empara en 888 de la *Bourgogne transjurane* (Savoie et Suisse jusqu'à la Reuss [Rhétie occidentale]). Rodolphe II, son fils, se fit céder par Hughes de Provence en 933 la Bourgogne cisjurane et des deux royaumes fit le *royaume d'Arles,* que Rodolphe III donna à Conrad II le Salique, empereur. Celui-ci, à la mort de Rodolphe (1032), réunit le royaume d'Arles à l'empire germanique. Toutefois un grand nombre de fiefs puissants s'en détachèrent et se rendirent indépendants: tels furent les comtés et le marquisat de Provence, le Dauphiné, la Savoie, et le Comtat Venaissin.

Quant au *duché de Bourgogne,* il ne releva jamais de l'empire germanique. De 884 à 1002, il appartint à des princes issus de Robert le Fort, dont Raoul, roi de France, et Henri, frère de Hughes Capet. Celui-ci le réunit à la couronne (1002-1032). Robert le Vieux, fils du roi de France Robert Ier, commença alors une nouvelle maison de Bourgogne, qui est la première comme maison capétienne. Elle finit en 1361 avec Philippe de Rouvre, fils de Jeanne de Boulogne qui avait épousé en secondes noces le roi de France Jean II le Bon.

Philippe le Hardi, 4e fils du roi Jean le Bon, fut alors investi du duché de Bourgogne (1363). Cette seconde maison capétienne, dite de Valois, ne compte que quatre ducs : Philippe le Hardi (1363), Jean-sans-Peur (1404), Philippe le Bon (1419), Charles le Téméraire (1467-77), mais elle fut la plus brillante ; elle réunit un grand nombre de fiefs (Pays-Bas, Luxembourg, Brabant, Flandre, Artois, Picardie, Franche-Comté, Nivernais) et balança même le pouvoir des rois de France.

Charles le Téméraire ne laissa qu'une fille, Marie. Le duché de Bourgogne proprement dit revint alors à la couronne de France comme fief mâle. Louis XI (qui avait repris la Picardie en 1463) y institua en 1477 un Parlement célèbre qui siégeait à Dijon. Mais Marie, en épousant Maximilien d'Autriche (1477), lui apporta les autres Etats de son père : les duchés de Brabant, Limbourg et Luxembourg, la Franche-Comté (Comté Palatin), les comtés de Flandre, Hainaut, Namur, Artois, Hollande, Zélande, le marquisat d'Anvers et la seigneurie de Malines. Toutes ces provinces, avec quelques autres qu'y joignit Charles-Quint, composèrent le *Cercle de Bourgogne* (voir Pays-Bas et Belgique) qui fut incorporé à l'empire en 1548, mais donné par Charles-Quint à l'Espagne en 1558.

L'union d'Utrecht (1579) diminua le Cercle de sept provinces qui formèrent les Sept provinces unies reconnue par le traité de

Westphalie (1648). La France reçut l'Artois au traité des Pyrénées (1659), la Flandre au traité d'Aix-la-Chapelle (1668), la
Franche-Comté à celui de Nimègue (1678). Le Cercle de Bourgogne appartenait d'abord à la ligne espagnole de la Maison d'Autriche. Après la guerre de la succession d'Espagne (1714), ce qui
en restait (Hollande et Belgique) passa à la ligne autrichienne, qui
ne l'a perdu que par les traités de Campo-Formio (1799) et de
Lunéville (1801).

33° FRANCHE-COMTE

La Franche-Comté fit successivement partie du royaume des
Burgundes et de l'empire de Charlemagne, des royaumes de Lothaire Ier, de Charles de Provence, du royaume d'Italie, de
Louis II, de celui de Boson, enfin du royaume des Deux-Bourgo-
gnes (896-1032), d'où elle passa au royaume de Germanie et
conséquemment à l'Empire. Elle fut érigée en comté en 951 ; elle
s'appela alors Franche-Comté, puis (1169) comté palatin de Bourgogne. Elle passa successivement par mariage dans les maisons
d'Ivrée, de Souabe ou Hohenstaufen (1169), de Méranie ou
Tyrol (1208), de Châlon (1248) et à la couronne de France par
le mariage de Jeanne, héritière de ce comté, avec Philippe le Long
(1315) qui mourut en 1322. Jeanne épousa alors Eudes de Bourgogne.

En 1361, après la mort de Philippe de Rouvre (voir Bourgogne), la Franche-Comté échut à Marguerite de Flandre qui
l'apporta en dot à son époux Philippe le Hardi, duc de Bourgogne (voir Flandre). En 1477, elle se sépara de la Bourgogne et
devint, comme fief germanique et féminin, possession des Habsbourg, par suite du mariage de Marie de Bourgogne avec Maximilien d'Autriche. En 1668, Louis XIV s'en empara, comme faisant partie de la dot de sa femme Marie-Thérèse d'Autriche ; il
dut la rendre au traité d'Aix-la-Chapelle ; il la reconquit en 1674
et la garda au traité de Nimègue (1678).

Le *Comté de Montbéliard* faisait autrefois partie de l'empire
de Charlemagne. Henriette, petite-fille du dernier comte Etienne,
mort en 1397, porta le comté, par mariage, dans la maison ducale

de Wurtemberg. Louis XI, alors dauphin, le conquit en 1444, Louis XIV en 1676 ; mais il dut le rendre au traité de Ryswick (1697). Louis XV le tint en séquestre de 1723 à 1743 ; la république française s'en empara en 1792 et le garda au traité de Lunéville (1801). Voir à l'Allemagne, Wurtemberg.

34° CHAMPAGNE

La Champagne fut, après l'invasion des Barbares, partagée entre le royaume des Burgundes et celui des Franks, puis entre les deux royaumes d'Orléans et de Metz (Austrasie). En 451, elle fut ravagée par Attila, qui fut défait près de Châlons. Sous les Mérovingiens, elle eut des ducs nommés par les rois.

Au X° siècle, elle échut à des comtes issus de la maison de Vermandois ; à son extinction, elle passa au neveu du dernier comte, Eudes II, petit-fils de Thibaut le Tricheur (voir Touraine), comte de Blois, Chartres, Tours, Beauvais et Meaux. Son frère Thibaut donna naissance à deux branches de la maison de Champagne : l'aînée posséda d'abord la Champagne et la Brie et s'éteignit en 1125 ; la cadette, celle des comtes de Blois, Chartres et Brie, hérita en 1125 du comté de Champagne. Se divisant à son tour en 1152, cette branche produisit deux lignes : la 2° ligne de Blois et la ligne champenoise, qui eut la Champagne et la Brie ; parmi ces comtes, il faut citer Henti II, roi de Chypre et de Jérusalem († 1197) et Thibaut VI le Posthume qui devint roi de Navarre en 1234 et eut pour successeurs, tant en Champagne qu'en Navarre, Thibaut VII, Henri III et Jeanne Iʳᵉ (voir Comté de Foix). Celle-ci apporta la Champagne et la Navarre en dot à son époux Philippe le Bel en 1284. Depuis ce temps, la Champagne ne fut plus séparée de la couronne de France, quoique la réunion officielle ne fut prononcée qu'en 1361.

35° LORRAINE

Sous le nom de Lorraine, on a désigné : 1° le royaume de Lorraine ou Lotharingie ; 2° le duché de Lorraine ou Lorraine proprement dite ; 3° le grand gouvernement de Lorraine et Barrois.

a) Royaume de Lorraine ou Lotharingie. Il fut formé en 855 après l'abdication de Lothaire Ier (fils aîné de Louis le Débonnaire) en faveur de son 3e fils Lothaire II. Il s'étendait entre la Meuse, l'Escaut et le Rhin jusqu'à la mer, mais en 859 la Frise se rattacha à la Saxe. Lothaire II étant mort sans enfant (869), ce royaume fut, en vertu du traité de Mersen, partagé entre ses oncles (fils de Louis le Débonnaire), Louis le Germanique et Charles le Chauve (tout le territoire entre la Meuse et le Rhin avec Utrecht, Aix-la-Chapelle, Cologne, Trêves, Bâle, Strasbourg, Metz, Thionville, tous pays parlant allemand, échoit à l'Allemagne dont Louis est le 1er roi), puis entre Louis le Bègue, roi de France, fils de Charles le Chauve, et Charles le Gros, roi de Germanie, fils cadet de Louis le Germanique. Charles le Gros avait fini par réunir à ses Etats la Lorraine tout entière. Après sa déposition (887), elle devint la possession de son neveu Arnulph de Carinthie (fils de Carloman, fils aîné de Louis le Germanique) qui en 895 en investit son fils Zwentibold. Après le meurtre de celui-ci (900), les Lorrains se donnèrent à Louis IV l'Enfant, roi de Germanie, fils d'Arnulph, puis en 911 à Charles III le Simple, roi de France, fils posthume de Louis II le Bègue. Soumis en 923 par l'empereur Henri Ier l'Oiseleur (voir Allemagne, page 43, note 1 et 2), ils rentrèrent sous la domination germanique. La Lorraine fut désormais gouvernée par des ducs.

En 954, l'empereur Otton-le-Grand, contre lequel Conrad, duc de Lorraine, s'était révolté, donna ce duché à son propre frère Brunon, archevêque de Cologne ; celui-ci le divisa en 959 en Haute et Basse-Lorraine, qui eurent chacune des ducs particuliers.

La *Basse-Lorraine* (entre le Rhin, la Meuse et l'Escaut, c'est-à-dire Luxembourg, Belgique, Pays-Bas et Prusse Rhénane), fut donnée en 977 par Otton II à Charles de France, fils puîné de Louis IV d'Outre-Mer, qui lui en fit hommage. Otton, fils de Charles, étant mort sans enfant (1004), le duché fut donné à Godefroy, comte de Verdun. Un de ses successeurs, Godefroy de Bouillon (duc en 1089), s'étant croisé en 1095, la Basse-Lorraine fut possédée par Henri de Limbourg, puis par Godefroy le Barbu, comte de Louvain et de Bruxelles (1106), qui fut la tige des ducs de Brabant ; la Basse-Lorraine fut partagée entre eux, les comtes de Hainaut et de Luxembourg, l'archevêque de Trêves, les évêques de Liège et d'Utrecht.

La *Haute-Lorraine* forma la Lorraine proprement dite ou Duché de Lorraine (Lorraine actuelle).

b) Duché de Lorraine ou Lorraine proprement dite. La Lorraine proprement dite, comprise entre la Basse-Lorraine, l'Alsace, la Franche-Comté et la Champagne, avait pour capitale Nancy. Elle eut pour premier duc Frédéric d'Alsace, frère de l'évêque de Metz Adalbéron et beau-frère d'Hughes Capet (959) : il reçut ce duché de l'empereur Otton Ier. Son petit-fils étant mort sans enfant, la Haute-Lorraine fut possédée, de 1033 à 1048, par les ducs de Basse-Lorraine, puis donnée par l'empereur Henri III à Gérard d'Alsace qui fut le 1er duc héréditaire et la tige de l'illustre maison de Lorraine (Habsbourg) qui subsiste encore. Les descendants possédèrent la Lorraine jusqu'en 1737. En 1552, Henri II s'empara des Trois-Evêchés : Toul, Metz et Verdun.

En 1738, le duché fut, d'après un arrangement conclu avec la France, cédé au roi de Pologne Stanislas Leczinski, beau-père de Louis XV, par le duc François III qui reçut en échange le grand-duché de Toscane ; à la mort de Stanislas, la Lorraine fut définitivement réunie à la France (1766) et forma alors avec le duché de Bar le *grand-gouvernement de Lorraine et Barrois* (cap. Nancy).

Celui-ci comprenait, outre le duché de Lorraine et le duché de Bar et Barrois : les Trois-Evêchés de Toul, Metz et Verdun ; le Luxembourg français (Thionville, Montmédy, Longwy) ; le duché de Carignan ; la Lorraine allemande ou pays de la Sarre, reconnue définitivement à la France par le traité d'Utrecht (1713) : enfin le duché de Bouillon, enlevé par Louis XIV à l'évêque de Liège. Cette province formait sous la Révolution les quatre départements de Moselle, Meuse, Meurthe et Vosges. Le traité de Francfort du 10 mai 1871 en détacha, pour les donner à l'Allemagne, les arrondissements de Metz, de Thionville et de Sarreguemines dans la Moselle ; de Sarrebourg et de Château-Salins dans la Meurthe et les cantons de Saales et de Schirmék dans les Vosges. Ce qui restait des deux départements de la Meurthe et de la Moselle fut réuni pour former la Meurthe-et-Moselle (chef-lieu Nancy, sous-préfectures Lunéville, Toul et Briey). Après l'armistice du 11 novembre 1918, toute la Lorraine revint, ainsi que l'Alsace à la France, et le 19 le Maréchal Petain faisait une entrée triomphale à Metz.

36° ALSACE

L'Alsace (le nom d'Elsass apparaît pour la 1re fois au VIIe siècle) était jadis occupée par les Rauraques (près de Bâle) les Médiomatrices (Metz, Strasbourg) qui durent céder le nord de l'Alsace aux Triboques, tribu d'origine germanique, et par les Séquanes (Besançon, Colmar, etc.).

Après la conquête de la Gaule par César, l'Alsace fit, au partage d'Auguste, partie de la Belgique.

Le christianisme y fut introduit par Ste-Materne (fin du IIIe siècle) ; St-Amand fut le 1er évêque de Strasbourg (fin du IVe siècle) ; mais il n'y eut d'église chrétienne que depuis le VIe siècle : Clovis construisit la première église à Argentina (Strasbourg), élevée sur les ruines d'Argentoratum.

Réunie aux Francs depuis Clovis, l'Alsace qui allait de Bâle à Strasbourg, fut divisée en deux régions : le Nordgau ou pays du Nord, et le Sundgau ou pays du Sud. Quant à la contrée située entre la Zorn et la Lauter, elle forma plus tard la préfecture de Haguenau, territoire distinct de l'Alsace. Childebert II, roi d'Austrasie, éleva l'Alsace au rang de duché, en 670, en faveur d'Attich, le père de Ste-Odile : Attich construisit le château-fort de Hohenburg et fut la souche des ducs de Lorraine.

En 842, à Strasbourg, eut lieu le célèbre « serment » entre les trois fils de Louis le Débonnaire : Lothaire, Louis le Germanique et Charles le Chauve.

En 843, au traité de Verdun, l'Alsace appartint à Lothaire, ainsi que la Lorraine, la Bourgogne, la Provence et l'Italie ; à la mort (869) de Lothaire II, fils cadet de Lothaire Ier, elle échut à Louis le Germanique. « Elle était séparée des autres pays gaulois, et le Rhin ne servait plus de barrière entre les deux races toujours ennemies établies à l'est et à l'ouest de son cours. » En 876, l'Alsace passa à Charles le Gros (fils cadet de Louis le Germanique), roi de France en 884, puis à la Lorraine en 895. Le roi de France ayant conquis la Lorraine, l'Alsace fut, comme elle, française de 911 à 923, puis avec elle passa dans la maison de Souabe ou de Hohenstaufen (Henri Ier l'Oiseleur) et resta, *de 923 à 1639 à l'Allemagne (St-Empire romain germanique) dont elle parlait la langue.*

Dévastée en 917 et 926 par les Hongrois, l'Alsace vit alors s'établir la féodalité : son plus important seigneur était l'évêque de Strasbourg. Il s'opposa en 1197 à l'élection à l'empire de Philippe de Souabe, qui ravagea ses domaines. A partir du XII siècle, le Landgraviat du sud ou Sundgau dépendait de la maison de Habsbourg (voir Allemagne et Autriche), et le Landgraviat du Nord, de l'évêque de Strasbourg ; mais on comptait entre Strasbourg et Mulhouse dix villes libres (Haguenau, Colmar, Selestadt, Wissembourg, Munster, Turckheim, etc.), 6 comtés et 22 grandes seigneuries. Au XIII siècle, Strasbourg, Haguenau, Wissembourg, Lauterbourg, Selestadt, Colmar, Brissach et Bâle forment une confédération politique et commerciale. Au XIV siècle, Strasbourg, ville impériale, est florissante, malgré une longue lutte avec Colmar ; Mulhouse, Colmar et Brissach sont gouvernés par leur bourgeoisie ; l'Alsace est ravagée par les Anglais et les Juifs y sont persécutés. De 1430 à 1440, Gutemberg inventa l'imprimerie à Strasbourg, dont la cathédrale fameuse fut achevée. L'Alsace est alors dévastée par les Armagnacs ; puis Charles le Téméraire achète à Sigismond d'Autriche le Sundgau qu'il ne parvient pas à soumettre. En 1482, Strasbourg se démocratise et s'allie avec les villes libres de l'Alsace et de la Suisse.

La Réforme s'établit dès 1517 dans l'Alsace qui donna asile aux victimes des persécutions religieuses. Au début du XVII siècle, l'Alsace, divisée entre l'Union évangélique et la Ligue catholique, fut ravagée par Ernest de Mansfeld, venu au secours du Palatinat ravagé par les Espagnols.

Bernard de Saxe-Weimar et les Suédois conquièrent l'Alsace (1630-35) et la cèdent à la France ; mais Strasbourg reste neutre ; Mulhouse et Bâle sont rattachés à la Confédération helvétique. Brissach, seule ville demeurée impériale, est conquis en 1638. *En 1639, toute l'Alsace, moins Strasbourg, est française,* ce que reconnaît le traité de Westphalie du 24 octobre 1648. Le 10 janvier 1662, l'Alsace prêta serment de fidélité au roi de France ; le 30 septembre 1681, Strasbourg reconnaissait l'autorité de Louis XIV qui y vint en personne le 24 octobre 1681 et en 1683. Enfin, par le traité de Ryswick (30 oct. 1697), l'empereur obtenait les places situées hors d'Alsace (Philipsbourg, Fribourg, Vieux-Brissach), mais « renonçait à tous les droits anciens sur Strasbourg et l'Alsace ».

L'Alsace ne put que se féliciter d'appartenir au royaume de France ; elle fut complètement à l'abri des persécutions religieuses. Sous la Révolution française, elle forma deux départements : le Haut-Rhin (chef-lieu Colmar) et le Bas-Rhin (Strasbourg). Mulhouse, demeurée indépendante, se donna à la France en 1798. Envahie par les Alliés en 1814 et 1815, l'Alsace perdit Landau, Délémont et Porrentruy, donnés à la Bavière. Le commerce et l'industrie commencèrent à prospérer.

Conquise par les Allemands en août 1870, l'Alsace fut, aux préliminaires de paix du 26 février 1871, abandonnée par le parlement français. Le traité de Francfort du 10 mai la cédait à l'Allemagne moins le territoire de Belfort avec les cantons de Delle et de Giromagny (1). Après la guerre, 200.000 Alsaciens « émi-

(1) Si l'idée de patrie est de tous les temps, l'idée de *nationalité* est relativement moderne. Née avec la guerre de Cent ans, donc suscitée par l'agression, elle fut intellectualisée par la Renaissance, qui en fit un principe, éclipsée au XVIIe siècle par l'idée socialiste d'Etat, au XVIIIe par celle d'équilibre entre les Etats, l'idée nationaliste de contrats fut reprise par la Révolution qui fonda le lien national sur les vœux libres et formels. Les nationalités furent écrasées au congrès de Vienne, et le principe de l'équilibre européen prévalut. Au cours du XIXe siècle, républicains et bonapartistes protestèrent contre les traités de 1815. Contre Napoléon III, Bismarck affirma le droit de conquête ; la force écrasa les nationalités : le crime fut consommé en 1871 par le rapt de l'Alsace-Lorraine. Depuis cette date, les Alsaciens, renouvelant le contrat de 1791, ont toujours et partout affirmé « le droit et l'immuable volonté de l'Alsace et de la Lorraine de rester françaises ».

Le retour de l'Alsace à la France, si évidemment désiré par ses habitants, est justifié par son histoire depuis 1640 et constituait la première clause du traité de paix (voir aux Annexes le programme de paix américain). Sur cette question primordiale, aujourd'hui résolue, on relira : la Protestation des députés de l'Alsace-Lorraine à l'Assemblée nationale de Bordeaux (séances des 17 févr. et 1er mars 1871), les discours prononcés lors de sa commémoration solennelle à Paris (1er mars 1918), les discours de l'Alsacien Teutsch au Reichstag (18 févr. 1874), de Ribot, président du Conseil à la Chambre des députés (22 mars et 4 juin 1917) et au Sénat (6 juin 1917), de Barthou à la Chambre (25 oct. 1917), de Balfour à la Chambre des communes (31 juillet et 19 déc. 1917), d'Alb. Thomas au congrès socialiste de Paris (18 févr. 1918) et à la Conférence socialiste de Londres (25 février) et le discours solennel prononcé par la députation de l'Alsace à la Chambre le 8 déc. 1919, et enfin les nombreux ouvrages (la plupart édités par Fischbacher) qui traitent ce sujet, notamment Flach (les affinités françaises de l'Alsace avant Louis XIV), Batiffol (les anciennes républiques alsaciennes), Reuss (la France et l'Alsace à travers l'Histoire), Kæppelin (l'Alsace à travers les âges), les brochures de C. Jullian (Notre Alsace), Pfister, etc., et les articles du *Journal des Débats* : Comment l'Alsace se donna à la France (n° du 27 juillet 1918) et les Droits historiques de la France sur l'Alsace et la Lorraine (n° du 12 avril 1918).

grés » vinrent habiter la France, tandis que 1.300.000 restèrent en Alsace, prospérant matériellement sous le régime allemand, quoique tracassés par l'administration (militaire surtout).

Au début de la guerre de 1914, Mulhouse fut pendant huit jours occupée par les troupes françaises qui reconquirent Thann et Massevaux. L'armistice du 11 novembre 1918 (voir Allemagne) rendait l'Alsace à la France (1) : le 22 de Castelnau entrait triomphalement à Colmar et le 25 le maréchal Pétain à Strasbourg.

Sur la nécessité d'une France forte en Europe, grâce à l'Alsace, je voudrais reproduire les lignes suivantes :

« Il est bien remarquable qu'au cours de chaque discussion un peu sérieuse sur l'issue possible de cette formidable guerre mondiale, la question d'Alsace-Lorraine surgisse toujours la première. Près d'un demi-siècle a passé sur l'annexion, sans rien changer à un problème dont les données essentielles se résument ainsi : *l'existence d'une France forte est une nécessité européenne, la possession de l'Alsace-Lorraine est une nécessité française.* La protestation des représentants de ces provinces violentées n'aurait pas eu lieu en 1871, que cette annexion n'eût pas créé une situation plus viable. Les plénipotentiaires qui signent un traité de l'importance de celui de Francfort fixent les articles d'un code qui régira les rapports des nations pendant un long temps. Ce sont des législateurs, et pas plus que ceux-ci ils ne peuvent donner force de loi à des volontés qui aillent à contre-sens du réel. C'est le cas de rappeler la phrase de Rousseau qu'admirait tant Bonald : « Si le législateur se trompant sur son objet établit un principe différent de celui qui résulte de la nature des choses, l'Etat ne cessera pas d'être agité, jusqu'à ce que ce principe soit détruit ou changé et que l'invincible nature ait repris son empire. »

« Considérez la carte d'Europe, et pensez à l'histoire de notre France. Ce pays-ci n'est pas une contrée arbitrairement découpée

(1) En somme, si l'on excepte le Sundgau que les Habsbourg ont possédé du XIIe siècle à 1638 et Mulhouse, ville impériale jusqu'en 1468, puis libre, puis suisse en 1648, enfin française depuis 1798 (sauf de 1871 à 1918), l'Alsace a appartenu à la France : de 491 à 843 ; de 884 à 895 ; de 911 à 923 ; de 1630-39 (Strasbourg en 1681) à 1870, soit pendant près de six siècles ; et à l'Allemagne de 843 à 884 ; de 895 à 911 ; de 923 à 1630-39 et de 1870 à 1918, soit pendant plus de huit siècles.

par une ambition humaine. Son dessin est aussi net, aussi délimité que celui d'une île. Ses annales nous le montrent : chaque fois qu'il a essayé de s'agrandir hors de ces lignes qui lui marquent sa proportion, il a méconnu cette « nature des choses » dont parlait Rousseau, et il a provoqué autour de lui des convulsions. Chaque fois qu'il a été rejeté en deçà de ces lignes, il y a eu pareillement malaise en Europe. La douloureuse tension de ces quarante-six dernières années et la catastrophe actuelle l'attestent. C'est que *la France, par sa configuration même et par le caractère de son génie, est comme l'étalon de la mesure dans notre continent. Elle porte en elle le type de l'Etat modéré,* dont le développement normal répugne à l'hypertrophie. Il semble que la civilisation occidentale ait — par un de ces instincts collectifs qui relèvent de cette science encore à dégager : l'interpsychologie — lutté, depuis la chute de l'empire romain, contre toute reconstruction d'une hégémonie pareille. La France a été l'ouvrière la plus constante de cette lutte. Le mélange de races qui la constitue lui interdisait de jamais devenir, comme l'Allemagne d'aujourd'hui, un énorme magma ethnique. La richesse variée de son sol ne la sollicitait pas, comme l'Allemagne encore, à des invasions profitables. L'Océan, les Pyrénées, la Méditerranée, les Alpes et le Rhin encadraient par avance un Royaume d'une unité achevée et bornée tout ensemble. Une telle puissance était l'adversaire-née de l'impérialisme. La longue lutte contre la Maison d'Autriche prouve que François Ier, Henri IV, Richelieu, Louis XIV ont, consciemment ou non, donné cette direction nationale à leur politique. Le renversement des alliances au dix-huitième siècle et l'effort dirigé contre le roi de Prusse ne furent qu'une continuité. C'était l'impérialisme de Bismarck et de Guillaume II que nos dirigeants d'alors pressentirent dans le Hohenzollern, soi-disant libéral et philosophe, dont Voltaire fut la dupe. Le rôle joué par notre pays dans la guerre présente prouve que sa fonction européenne demeure la même : empêcher l'excès d'une domination qui renouvelle l'entreprise romaine, bienfaisante en son temps, malfaisante au suprême degré dans des sociétés évangélisées, où aucun peuple n'a le droit de se considérer comme le missionnaire par les armes d'une culture supérieure. Pour que cette fonction indispensabe à l'équilibre de la Chrétienté soit remplie, *il faut que la France ait sa pleine force.*

Elle ne peut pas l'avoir si sa Marche de l'Est se trouve, comme le voulait le Chancelier de Fer, n'être plus que le glacis de la forteresse germanique. En concevant l'Alsace-Lorraine comme un instrument d'attaque à l'ouest de l'Allemagne, l'homme d'Etat prussien a dénaturé un territoire fait pour servir de défense au monde celto-latin contre l'expansion désordonnée des envahisseurs d'outre-Rhin. C'est cette évidence qui s'impose aux alliés et qui explique pourquoi Metz et Strasbourg apparaissent comme un des enjeux suprêmes de la sanglante partie. Ce ne sont que deux villes, et c'est tout l'avenir de l'Europe. »

JUNIUS.

Echo de Paris, 17 août 1917.

37° LA CORSE

La Corse, colonisée par les Phéniciens et les Phocéens, puis enlevée par Rome aux Carthaginois (237), fut, après la chute de l'empire romain, possédée par les empereurs grecs, les Vandales, les Goths, les Lombards, par Charlemagne, enfin par les papes. En 1092, Urbain II la céda à Pise, mais Gênes s'en empara après la victoire de Meloria (1284). En 1553, les Français la lui ravirent, mais durent la rendre au traité de Cateau-Cambrésis (1559). Après les révoltes de 1735, 1741 et 1755, Gênes, ne pouvant réduire ce peuple indomptable, vendit l'île à la France moyennant 40 millions (1767).

Les Corses, à l'instigation de Paoli, se donnèrent en 1793 aux Anglais qui furent expulsés en 1796.

ANNEXES

World's Peace Programme
The fourteen stipulations of P^t Wilson

« The programme of the world's peace is the only possible one. »

« 1) Open covenants of peace, openly arrivèd at, after which there will be no private international understandings of any kind, but diplomacy shall proceed always frankly and in the public view.

« 2) Absolute freedom of navigation upon the seas outside territorial waters alike in peace and in war, except as the seas may be closed in whole or in part by international action for the enforcement of international covenants.

« 3) The removal so far as possible of all economic barriers, and the establishment of equality of trade conditions among all nations consenting to peace and associating themselves for its maintenance.

« 4) Adequate guarantees given and taken that national armaments shall be reduced to the lowest point consistent with domestic safety.

« 5) Free, open-minded, and absolutely impartial adjustment of all colonial claims based upon the strict observance of the principle that in determining all such questions of sovereignty the interests of the populations concerned must have equal weight with the equitable claims of the Government whose title is determined.

« 6) The evacuation of all Russian territory, and such a settlement of all questions affecting Russia as will secure the best and freest co-operation of the other nations of the world in obtaining for her an unhampered and unembarrassed opportunity for the independent determination of her own political development and national policy, and assure her of a sincere welcome into the society of free nations under institutions of her own choosing ; and more than a welcome, assistance also of every kind that she may need and may herself desire.

« The treatment accorded Russia by her sister nations in the months to come will be the acid test of their good will, of their comprehension of her needs, as distinguished from their own interests, and of their intelligent and unselfish sympathy.

« 7) Belgium, the whole world will agree, must be evacuated and restored without any attempt to limit the sovereignty which she enjoys in common with all other free nations.

« No other single act will serve, as this will serve, to restore confidence among the nations in the laws which they have themselves set and determined for the government of their relations with one another. Without this healing act the whole structure and validity of international law is for ever impaired.

« 8) All French territory should be freed and the invaded portions restored, and the wrong done to France by Prussia in 1871 in the matter of Alsace-Lorraine, which has unsettled the peace of the world for nearly fifty years, should be righted in order that peace may once more be made secure in the interest of all.

« 9) A readjustment of the frontiers of Italy should be effected along clearly recognisable lines of nationality.

« 10) The peoples of Austria-Hungary, whose place among the nations we wish to see safeguarded and assured, should be accorded the first opportunity of autonomous development.

« 11) Rumania, Serbia and Montenegro should be evacuated, the occupied territories restored, Serbia accorded free and secure access to the sea, and the relations of the several Balkan States to one another determined by friendly counsel along historically established lines of allegiance and nationality and international guarantees of the political and economic independence and territorial integrity of the several Balkan states should be entered into.

« 12) The Turkish portions of the present Ottoman empire should be assured a secure sovereignty, but the other nationalities which are now under Turkish rule should be assured an undoubted security of life and an absolutely unmolested opportunity of autonomous development ; and the Dardanelles should be permanently opened as a free passage to the ships and commerce of all nations under international guarantees.

« 13) An independent Polish State should be erected, which

should include the territories inhabited by indisputably Polish populations, which should be assured a free and secure access to the sea, and whose political and economic independence and territorial integrity should be guaranteed by international covenant.

« 14) A general association of nations must be formed under specific convenants for the purpose of affording mutual guarantees of political and territorial independence for small States alike. »

Traduction

Le Programme de la Paix du monde

(Les 14 Propositions faites par le Président Wilson (chef du parti démocrate) dans son message au Congrès des Etats-Unis, le 8 janvier 1918)

1) Accords de paix conclus ouvertement, après lesquels il n'y aura plus d'accords internationaux privés, de quelque nature qu'ils soient, mais la diplomatie procèdera toujours franchemen* et publiquement.

2) *Liberté des mers.* Liberté absolue de la navigation sur les mers, en dehors des eaux territoriales, aussi bien en temps de paix qu'en temps de guerre, sauf le cas où ces mers seraient fermées en totalité ou en partie par une action internationale en vue de l'exécution d'accords internationaux.

3) *Liberté et égalité économiques.* Suppression, autant qu'il sera possible, de toutes les barrières économiques et établissement de conditions commerciales égales pour toutes les nations consentant à la paix et s'associant pour la maintenir.

4) *Limitation des armements.* Garanties suffisantes données et prises que les armements nationaux seront réduits à l'extrême limite compatible avec la sécurité intérieure du pays.

5) *Les questions coloniales.* Arrangement libre, dans un esprit large et absolument impartial, de toutes les revendications coloniales basé sur le respect strict du principe qu'en réglant toutes les questions de souveraineté, les intérêts des populations intéressées devront peser d'un poids égal avec les demandes équitables du gouvernement dont le titre sera à définir.

6) *La question russe.* Evacuation de tous les territoires russes et règlement de toutes les questions concernant la Russie, de façon à assurer la meilleure et la plus large coopération des autres nations du monde pour fournir à la Russie l'occasion opportune de fixer,

sans entrave ni embarras, en pleine indépendance, son développement politique et national ; pour lui assurer un sincère accueil dans la société des nations libres sous un gouvernement qu'elle aura choisi elle-même ; pour lui assurer, enfin, l'aide la plus grande et de quelque nature qu'elle soit, ou qu'elle pourrait désirer. Le traitement accordé à la Russie par ses nations sœurs pendant les mois prochains sera la pierre de touche qui révèlera la bonne volonté et la compréhension de ces nations pour les besoins de la Russie, abstraction faite de leurs propres intérêts et de leur intelligente sympathie.

7° *Belgique.* Le monde entier sera d'accord que la Belgique doive être évacuée et restaurée, sans aucune tentative de limiter la souveraineté dont elle jouit à l'égard des autres nations libres. Nul acte mieux que celui-là n'aidera à rétablir la confiance des nations dans les lois établies et fixées pour régir leurs relations entre elles. Sans cet acte de réparation, la structure et la validité de toutes les lois internationales seraient pour toujours affaiblies.

8° *Alsace-Lorraine.* Tout le territoire français devra être libéré, et les parties envahies devront être entièrement restaurées. Le tort fait à la France par la Prusse en 1871 en ce qui concerne l'Alsace-Lorraine et qui a troublé la paix du monde pendant près de cinquante ans devra être réparé, afin que la paix puisse être encore une fois assurée dans l'intérêt de tous. (Voir Alsace, aux provinces françaises).

9° *Les frontières italiennes.* Un « réajustement » des frontières italiennes devra être effectué suivant les lignes des nationalités clairement reconnaissables.

10° *Les peuples d'Autriche-Hongrie.* Aux peuples d'Autriche-Hongrie, dont nous désirons sauvegarder la place parmi les nations, devra être donnée au plus tôt la possibilité d'un développement autonome (1).

(1) Quatre races, en effet, se heurtaient en 1918 sur les territoires de l'Autriche-Hongrie :

a) *la race slave* (25 millions) : *les Slaves du nord* (10 millions), savoir les Tchèques (8 millions) en Bohême et en Moravie (95 0/0 de catholiques) ; les Slovaques, au nord de la Hongrie (2 millions dont 65 0/0 de catholiques) ; les Polonais (4 à 5 millions, catholiques), les Ruthènes (3,5) et les Petits-Russiens en Galicie ; *les Slaves du nord ou Yougo-Slaves* (5 millions) comprenant les Slovènes (1 million et quart) en Carniole, en Istrie et en Carinthie, et trois peuples de race et de langue serbes : les Serbes et Bosnia-

11° Le sort de la Roumanie, de la Serbie et du Monténégro.
La Roumanie, la Serbie, le Monténégro, devront être évacués ;

ques (2 millions et quart, orthodoxes grecs) en Bosnie et en Herzégovine ; les Croates (4 millions, catholiques) en Croatie et en Slavonie ; et les Dalmates, catholiques aussi, en Dalmatie.

b) la race germanique (11 millions d'Allemands), établie dans la région alpestre, sur les deux rives du Danube jusqu'à Presbourg et sur le pourtour de la Bohême.

c) la race mongole ou finnoise (8 millions de Hongrois ou Magyars, frères des Turcs) qui occupe la plaine hongroise.

d) la race latine comprenant 3 millions et demi de Roumains en Transylvanie et 700.000 Italiens à Trente et à Trieste.

Les Allemands ont toujours exercé une hégémonie sur les Tchèques, les Slovaques, les Slovènes et les Italiens ; les Magyars ont dominé les Croates, les Serbes et les Roumains. De là des rivalités et des haines de peuples dominés à peuples dominants ; tous peuples qui jadis avaient formé des Etats souverains : royaumes de Bohême (cap. Prague), de Hongrie (Budapest), de Croatie (Zagreb ou Agram), grand-duché de Transylvanie, archiduchés de Basse et Haute-Autriche (Vienne), comté de Tyrol (Trente), etc., ayant chacun sa constitution particulière et un ensemble de droits historiques qu'ils essayaient de sauvegarder contre l'unification des Habsbourg. A peine ceux-ci tombés (nov. 1918), tous ces peuples ont proclamé leur indépendance : les Hongrois, les Tchéco-Slovaques, les Allemands d'Autriche ont formé des républiques indépendantes ; les Slaves du Sud se sont rattachés à la Grande-Serbie, les Transylvains à la Grande-Roumanie, les Polonais à leurs frères de Prusse et de Russie, Trente et Trieste à l'Italie (voir Autriche, Italie, Pologne, pays des Balkans).

Les programmes de paix de Wilson, Roosevelt et Lodge manquent de précision et comportent quelques critiques. Ils ne disent pas quels traités doivent servir de base aux délimitations des frontières de la Pologne et de la Turquie. La 5ᵉ proposition du Président Wilson pourrait s'adresser à l'Angleterre qui s'est annexé l'Irlande, les Indes et l'Egypte, d'autres colonies encore, contrairement aux vœux de leurs habitants, et qui possède en Gibraltar, Suez, Perim et Aden les portes de la Méditerranée et de la mer Rouge, ce qui peut paraître excessif. Les Etats-Unis eux-mêmes ont-ils toujours agi correctement vis-à-vis du Mexique et de l'Espagne, en s'emparant, sans raison valable, de leurs possessions ?

D'autre part, il semble qu'on exagère les droits de l'Italie sur Trente et sur Trieste, à plus forte raison sur Fiume et la Dalmatie qu'elle réclame bruyamment et qui devraient revenir à la Croatie, c'est-à-dire au royaume de Grande-Serbie : c'est une conception napoléonienne que de donner à l'Italie l'Istrie dont le port, Trieste, est le débouché naturel de l'Autriche.

Si l'ancien royaume de Pologne (celui de quelle époque ?) doit être reconstitué, la Russie serait démembrée : il serait alors logique qu'elle rendît la liberté à toutes les provinces (maritimes, notamment) que les czars ont acquises violemment. Il en est de même pour la Prusse (Silésie et provinces de l'Est). Un nouveau partage de l'Europe auquel on procèderait en tenant compte non seulement du sentiment des habitants, mais aussi des droits historiques, créés ou consacrés par les traités (mais auxquels devrait-on remonter en toute justice ?) est un problème non pas seulement des plus complexes, mais véritablement insoluble. Quoi qu'on fasse, avec les meilleures intentions du monde, il y aura toujours des mécontents.

on leur restituera ceux de leurs territoires qui ont été occupés. A la Serbie sera accordé un libre accès à la mer, et les relations entre les divers Etats balkaniques devront être fixées radicalement sur les inspirations des puissances, suivant des lignes établies historiquement. Des garanties internationales d'indépendance politique et économique et d'intégrité territoriale seront fournies à ces Etats.

12° *L'Empire turc.* Aux parties turques du présent empire ottoman seront assurées pleinement la souveraineté et la sécurité, mais les autres nationalités qui vivent actuellement sous le régime de cet empire doivent, d'autre part, jouir d'une sécurité certaine d'existence et pouvoir se développer sans obstacles ; leur autonomie doit leur être donnée. — Les Dardanelles seront ouvertes en permanence et constitueront un passage libre pour les navires et pour le commerce de toutes les nations sous des garanties internationales.

13° *L'indépendance de la Pologne.* Un Etat polonais indépendant devra être constitué, comprenant les territoires habités par des nations incontestablement polonaises, lesquelles devraient être assurées d'un accès libre à la mer ; l'indépendance politique et économique et l'intégralité territoriale de ces populations seront garanties par une convention internationale.

14° *La Société des Nations.* Une société générale des nations devrait être formée en vertu de conventions formelles ayant pour objet de fournir des garanties réciproques d'indépendance politique et territoriale aux petits comme aux grands Etats.

Propositions complémentaires

Dans son message du 12 février 1918, le président Wilson complétait ainsi ses propositions :

Premièrement, chaque partie du règlement final doit être basée sur la justice essentielle du cas particulier envisagé et sur les arrangements les plus propres à amener une paix qui soit permanente ;

Secondement, les peuples et les provinces ne doivent pas être l'objet de marchés et passer de souveraineté en souveraineté, comme s'ils étaient de simples objets ou de simples pions d'un jeu, même du grand jeu, maintenant à jamais discrédité, de l'équilibre des forces ;

Mais, troisièmement, tout règlement territorial se rapportant à cette guerre doit être fait dans l'intérêt et au bénéfice des populations intéressées et non pas comme partie d'un simple arrangement ou d'un compromis de revendications entre Etats rivaux ;

Quatrièmement, toutes les aspirations nationales bien définies devront recevoir la satisfaction la plus complète qui puisse être accordée sans introduire de nouveaux ou perpétuer d'anciens éléments de discorde ou d'antagonisme susceptibles, avec le temps, de rompre la paix de l'Europe et par conséquent du monde.

« Une paix générale construite sur de tels fondements, concluait Wilson, peut être discutée. Tant qu'une telle paix ne sera pas assurée, nous n'aurons pas d'autre choix que de continuer. »

Enfin, dans son discours du 27 septembre 1918, Wilson indiquait comme suit les *bases de la constitution de la Société des nations* et les garanties à obtenir pour la paix :

1° La justice impartiale que nous voulons ne devra pas faire de différence entre ceux envers lesquels nous voulons être justes et ceux envers qui nous ne voulons pas être justes. Elle devra être une justice ne connaissant pas de favoritisme, mais seulement les droits égaux des différents peuples.

2° Aucun intérêt individuel ou spécial d'une nation quelconque ou d'un groupe quelconque de nations ne pourra inspirer une partie de l'arrangement qui ne correspondrait pas à l'ensemble des intérêts de tous.

3° Il ne saurait y avoir place pour des accords particuliers ni des groupements d'alliance ou des ententes dans le cadre général de la famille commune de la Ligue des nations.

4° Et plus particulièrement, il ne saurait y avoir place pour aucune combinaison économique d'intérêt particulier dans le cadre de la Ligue ; et l'on ne pourra envisager aucune clause de boycottage économique ou d'exclusion, sauf sous la forme d'une pénalité économique ou de l'exclusion des marchés mondiaux que la Ligue des nations aura le droit de décréter comme sanction disciplinaire.

5° Tous les accords et traités internationaux devront être portés à la connaissance du monde entier.

« Ces questions, ajoutait Wilson, doivent être réglées non par un arrangement, par un compromis, par un ajustement d'intérêts, mais définitivement, une fois pour toutes, sans équivoque, et sur le principe que l'intérêt du plus faible est aussi sacré que l'intérêt du plus fort. »

Les 4 et 5 octobre 1918, l'Autriche-Hongrie, la Turquie et l'Allemagne ont déclaré accepter les différentes propositions de Wilson qui ont été la base des délibérations du Congrès de la Paix, qui ont abouti aux traités de Versailles signés entre les Alliés et l'Allemagne le 28 juin 1919, de St-Germain avec l'Autriche (10 sept. 1919).

D'autre part, *Th. Roosevelt*, ancien président des Etats-Unis et chef du parti républicain progressiste (mort en janvier 1919), déclara le 6 septembre 1918 :

« La paix alliée doit garantir la pleine réparation de la part de l'Allemagne pour les crimes qu'elle a perpétrés contre le monde.

« Les colonies allemandes conquises par la Grande-Bretagne et le Japon (voir Allemagne) ne doivent pas être rendues.

« Ce que la Bulgarie a pris à la Serbie et à la Roumanie doit leur être rendu.

« Les empires d'Autriche et de Turquie doivent être démembrés (ils le furent, voir ces pays), toutes les populations assujetties libérées, les Turcs chassés d'Europe.

« L'Alsace-Lorraine doit être rendue à la France, la Belgique restaurée et indemnisée, les provinces italiennes de l'Autriche rendues à l'Italie et les provinces roumaines en Hongrie (Transylvanie) rendues à la Roumanie ; la Pologne reconstituée en un Etat véritablement indépendant, doit se voir adjoindre la Pologne autrichienne et prussienne comme la Pologne russe (voir Pologne) et obtenir l'accès sur la Baltique.

« La liberté doit être garantie à la Lithuanie, à la Livonie et à la Finlande ; aucune partie de l'ancien empire russe ne doit être laissée sous le joug allemand ; le nord du Slesvig doit retourner aux Danois ; la Grande-Bretagne et le Japon doivent garder les colonies qu'elles ont conquises ; l'Arménie doit être libérée, la Palestine constituée en un Etat israélite et les Chrétiens de Syrie libérés. »

Enfin le sénateur *Lodge*, représentant le parti républicain dans la commission sénatoriale pour les affaires étrangères, et l'un des membres les plus influents du Sénat américain, a déclaré le 24 août 1918 que les Etats-Unis considéraient comme irréductible le minimum des conclusions suivantes pour la conclusion de la paix :

« Restauration complète de la Belgique. — Retour pur et simple de l'Alsace-Lorraine à la France et des pays irrédents (Trente et Trieste) à l'Italie. — Sécurité complète pour la Grèce. — Indépendance de la Serbie et de la Roumanie. — Une Pologne indépendante. — Libération des peuples slaves et délivrance de la Russie de la domination teutonne, comprenant le retour à la Russie de tous les territoires qui lui furent enlevés par le traité de Brest-Litowsk du 3 mars 1918 (voir Allemagne et Russie). — Constantinople port libre et à jamais délivré du joug turc. — Enfin et surtout constitution en nations indépendantes des peuples slaves, les Yougo-Slaves et les Tchéco-Slovaques (voir Autriche) qui, ainsi que la Pologne, barreront la route de l'Allemagne vers l'est. »

« La paix, ajoute le sénateur, sera entièrement différente de toute paix connue jusqu'ici, comme l'est la guerre de toute guerre antérieure. Elle ne sera pas un marchandage. Notre seul objectif est de réduire l'Allemagne à une situation dans laquelle elle ne pourra plus jamais essayer de dominer et de ruiner le monde. »

Le même sénateur Lodge a élaboré le Programme suivant de Paix : il fut adopté à l'unanimité par le grand Comité national qui groupe toutes les sociétés américaines. Ce programme a paru dans le *Journal des Débats* du 16 décembre 1918 ; il est d'autant plus intéressant à connaitre que les républicains ont triomphé des démocrates aux élections législatives de novembre 1918 : Il est moins libéral que celui de Wilson, commande de rétablir l'ordre en Russie (le démocrate Wilson a toujours été favorable à la révolution russe et même au bolchevisme), et ne demande pas la publicité de la diplomatie.

1° Restitution, par les puissances centrales (Allemagne et Autriche-Hongrie), de toutes les indemnités, en argent ou en nature, déjà perçues.

2° Réparation, par les puissances centrales, de tous les dommages causés par les centraux à la propriété publique ou privée, y compris les déprédations en mer.

3° Indemnités pour tous les civils assassinés ou blessés.

4° Frais de guerre à supporter par les Centraux et à rembourser d'abord à la Belgique, à la France et à la Serbie. Les ressources publiques et privées des Centraux seront employées à ce remboursement et les finances des Centraux seront « contrôlées » (c'est-à-dire administrées) par les Alliés jusqu'à complet paiement.

5° L'Alsace-Lorraine rendue à la France.

6° L' « Italia irredenta » (Trente et Trieste) rendue à l'Italie.

7° Les régions sous le régime turc libérées et mises sous le protectorat des Alliés.

8° Les Dardanelles mises sous le contrôle des Alliés.

9° La Serbie, l'Albanie, la Roumanie et la Grèce recevront des territoires conformément aux aspirations des populations, des races et des langues.

10° La Pologne, la Tchéco-Slavie, la Yougo-Slavie, seront indépendantes et comprendront tous les districts habités en majorité par les Polonais, les Tchéco-Slovaques, les Yougo-Slaves.

11° Le Slesvig-Holstein déterminera son statut. Le Luxembourg sera indépendant ou réuni à la Belgique ou à la France, selon le désir de sa population.

12° L'ordre sera rétabli en Russie et des garanties prises contre tout empiètement teutonique.

13° Les colonies allemandes ne seront pas rendues à l'Allemagne.

14° Le canal de Kiel et Héligoland seront placés sous le contrôle des Alliés.

15° Les traités de Brest-Litowsk (3 mars 1918) et de Bucarest (10 mai 1918) seront abrogés.

16° Les marines militaires des Centraux se rendront aux Alliés.

17° Désarmement des puissances centrales.

18° Occupation de parties du territoire jusqu'à complètes restitutions et réparation.

19° Jugement et punition, non seulement du Kaiser, mais de tous les responsables de la guerre et de la violation de la convention de la Haye.

20° Arbitrage international et Ligue des Nations. Les puissances centrales ne seront pas admises dans la Ligue jusqu'à ce qu'elles aient complètement satisfait à toutes les obligations du traité de paix et qu'elles aient solidement établi des institutions libres.

21° « Contrôle » des matières premières par les Alliés jusqu'à ce que les Centraux soient admis dans la Ligue des Nations.

(Voir à la fin de la note de la page 132 une critique de quelques-unes de ces propositions).

Pages

CAHORS, IMPRIMERIE COUESLANT *(personnel intéressé)*. — 22.131

www.ingramcontent.com/pod-product-compliance
Ingram Content Group UK Ltd.
Pitfield, Milton Keynes, MK11 3LW, UK
UKHW021115220726
13924UKWH00004B/1733